痛みとは何か、整えるとは何か。
追求し続けて半世紀――。

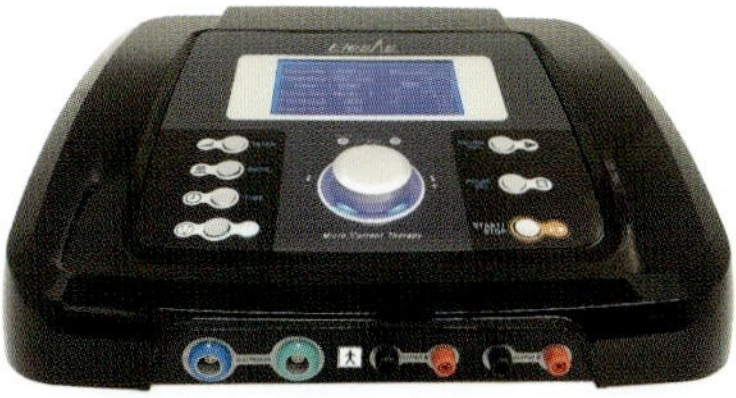

エレサス®

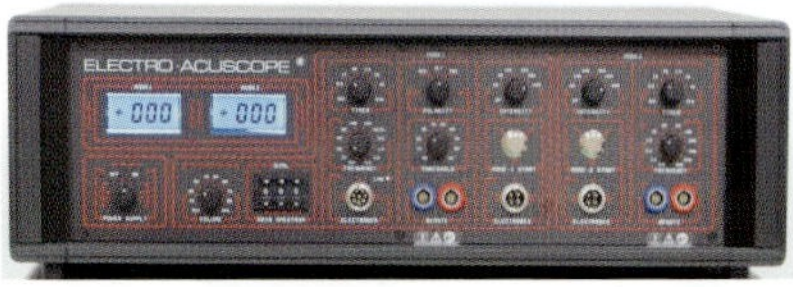

エレクトロ アキュスコープ80T

エレクトロ マイオパルス75T

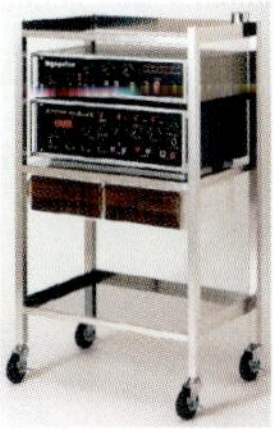

1980年代後半

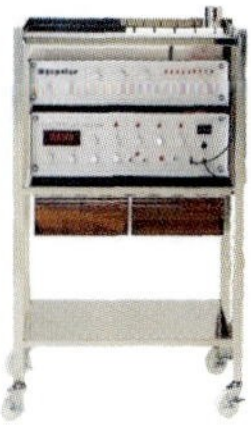

1990年代

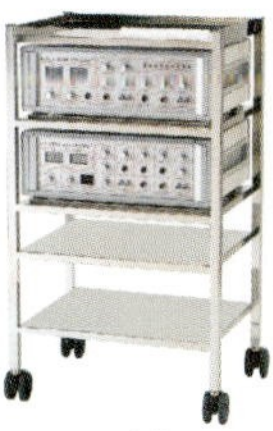

2000年代

2024年

未来のために、一歩先ゆく微弱電流という選択

社内のショールーム風景

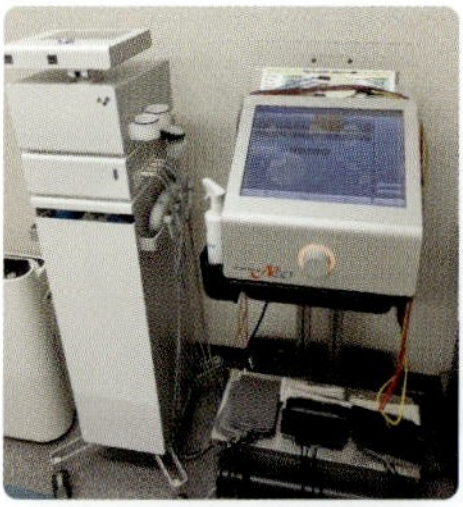

ハイチャージNEO

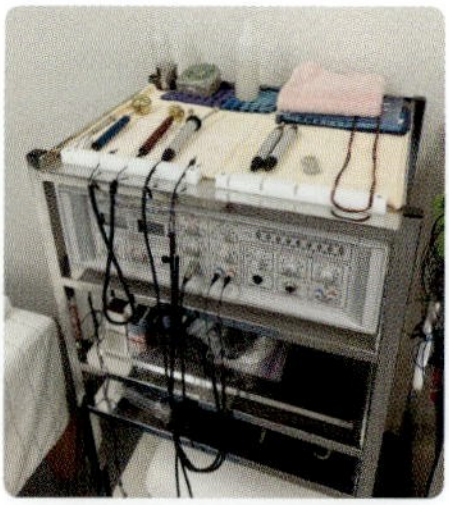

マイオパルス75L

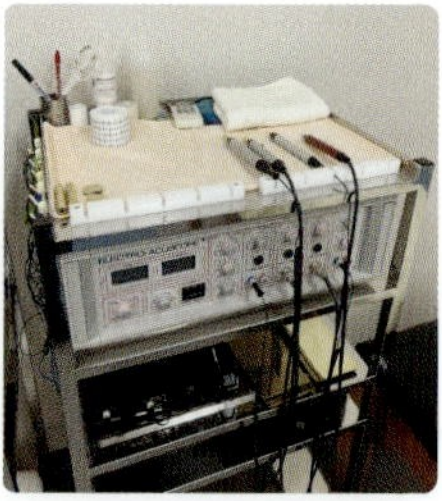

アキュスコープ80L

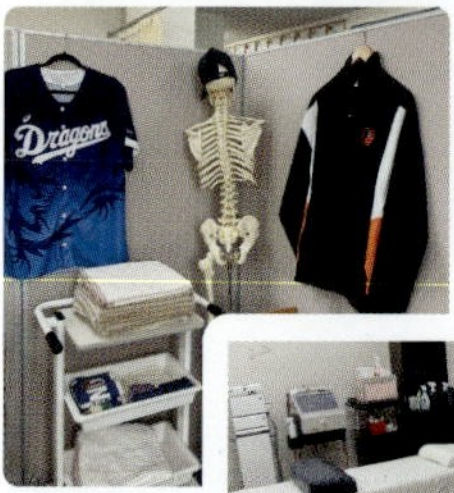

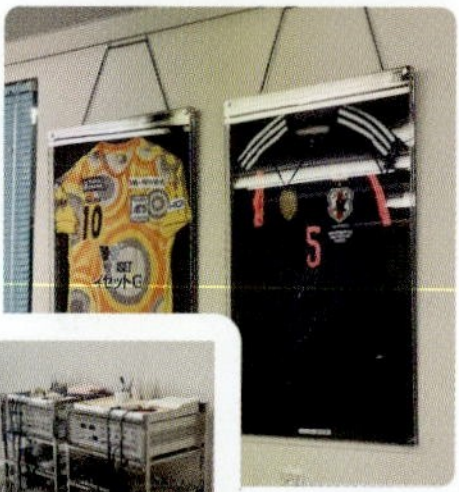

エレサス®

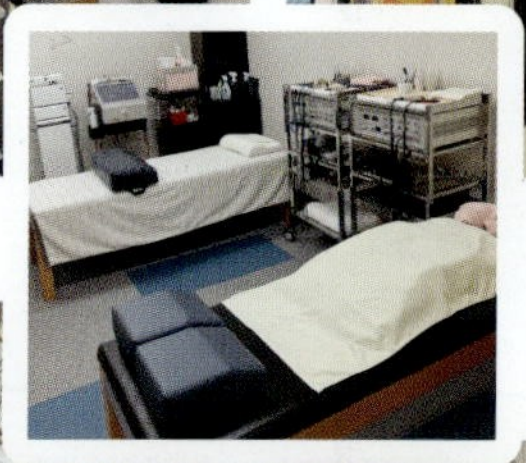

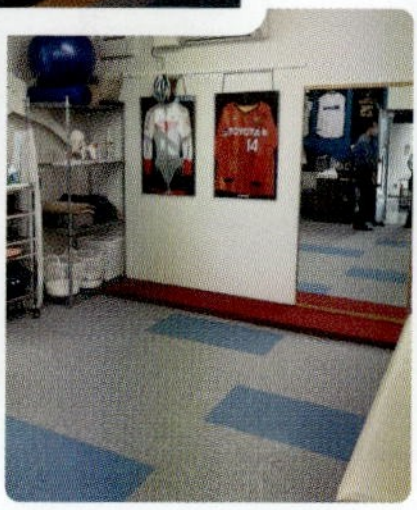

室内は多くのアスリートの感謝のサインで埋め尽くされています

逆境に屈しない接骨院経営の教科書

・結果の出せる治療院の作り方・

株式会社サン・メディカル
代表取締役会長
岩田利彦 著

はじめに

私は理学療法機器の輸入販売を営む小さな会社のオーナーをしております。そんな私が今から32年前の平成4年1月（1992年）に、創業から10周年の節目として『接骨院経営　生き残りの条件』とのタイトルでもって一冊の本を制作しました。

会社の主要取引先である接骨院の先生方が日々真摯に施術業務に励みながらも、経営的なノウハウが分からずご苦労されている姿を身近で接し、微力ながらお役に立てることが出来ないか？と考えたのが出版にいたる経緯でした。

ただ、本音の部分としては、いまだ接骨院業界の中で知名度の低い会社の宣伝と共に自社で取り扱う医療機器をアピールしたいという狙いも正直なところありました。

今でこそ大型書店内の本棚には接骨院関係の経営指南書が所狭しと並んでいます。また、わざわざ書店に出向かなくてもインターネットによってあらゆる情報を簡便に入手できる環境ではありますが、当時は接骨院はもとより鍼灸治療院など、いわゆるコ・メディカル経営関連についてのガイダンスブックの類は一切存在しませんでした。そんな参考書籍が一つとしてないならば、自分自身で制作してみようと思いたったのです。そこで病・医院や歯科クリニックの開業サポート書を買い漁り、それらを読破し参考資料としながら、書籍の出版企画を当時の明日香出版社の社長である石野誠一氏に持ち込みました。

その頃の接骨院の施術所総数は全国で2万カ所強、柔道整復師の資格者も2万6千人程度と小さなマーケットでしたが、その当時急激に増えて競争が激化しつつあった歯科クリニック分野と同様に、近い将来は接骨院業界も似たような厳しい経営環境に陥るとの焦燥感を抱いていたからか、仕上がった書籍は評判を呼び、学会のブースに持参したところあっという間に売り切れて、すぐさま2千冊を増刷する運びとなりました。

それほど、接骨院業界に携わる方々が先行きに不安を覚えておられたと同時に、何かを変えていかなくてはとの危機感の表れだったのだと思いました。

その書籍の中では主に「医療類似行為業務の広告については、何かと制約されているけれど、サービス業としての本質をしっかり捉えれば、広告ではなく広報活動的な面で実践できることも多い」ということを記しました。
書籍の出版を契機に全国各地の柔道整復師組合の支部から数多くの講演依頼を受け、その一年後にはテーマを広報活動に絞り込んだ『接骨院・鍼灸院も広告効果がだせる』、続けて施術を受ける患者サイドに立った『接骨院の正しいかかり方』を上梓するに至った次第です。

ところで、30数年前の柔道整復師養成施設の新規開設数は当時の厚生省の行政指導もあって制限されていたのですが、1998年の「不指定処分取消請求事件」の判決後は一気に養成施設数が増え、それまでの14校（1学年の定員1050名体制）から2013年の4月には107校を数えるにまで至ります。

残念ながら、その後は私が早い段階から危惧していたような柔道整復師の過剰供給による大競争の時代となってしまったのはご承知の通りであります。

この間に、アナログからインターネットを駆使するデジタルトランスフォーメーション（DX）へと時代は大きく変化しました。しかし、どんなに時が移り変わろうとも、柔道整復業務に関わる多くの方々がプライマリ・ケアの観点のもと地域社会に必要とされる素晴らしい職業なのは紛うことなき事実であります。
当社も創業から40年以上が過ぎ、私自身も古稀の年齢ともなりました。浅学菲才な私がこの仕事の関わりを通じてやり甲斐は勿論のこと、人並みの生活を送ってこられたのも、取引先である柔道整復師の先生方のお陰だとありがたく思っております。

この書はこれまでお世話になった方々へ感謝の気持ちを伝えるべくメッセージと共に、今後の施術活動へのエールを送りたい一心で、老兵は消え去る前に最後にと渾身の力を込めてしたためました。

これほど、業界にご愛顧を賜りながら、歯に衣着せぬような物言いになっている箇所も多々ありますが、業界に対する愛情の表れであり、これを読んでくださっている方へ少しでもお役に立ちたいとの真情からきたものであるとご容赦願えれば幸甚です。

岩田 利彦

第1章 安定した接骨院経営の基盤づくり

第2章

接骨院経営の安定化戦略

第3章 デジタル時代の認知拡大戦略

第4章

時代に左右されない経営マインドを養う

第5章 全国の成功接骨院

第 1 章

安定した接骨院経営の基盤づくり

1

年々増えている柔道整復師私たちを取り巻く業界の変化

厚生労働省が発行している「衛生行政報告例」を引用すると、2020年（令和2年）現在の柔道整復師数は7万5786人、施術所数は5万3364か所となっています。

その後の柔道整復師の国家試験の合格者は、翌年2021年度に3011人、2022年度に2740人、そして、2023年度の合格者が2244人と、年々増加していっています。

これらを鑑みると、鬼籍に入っておられる人を考慮しても、国内にはすでに8万人以上、柔道整復師の資格を有する方が存在するとみて間違いありません。

私の危惧していたとおり、歯科医院の過当競争に匹敵する、いや、それ以上に厳しい経営環境になってしまった事が、この数値からも明確に見てとれます。

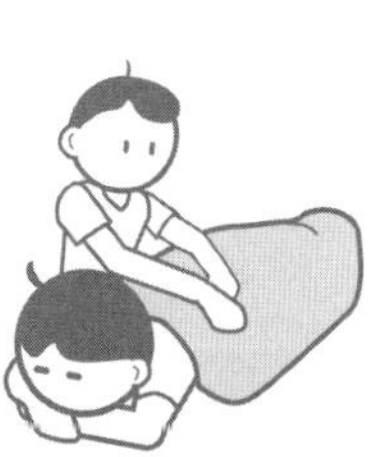

ただ、私はここに至るまでが恵まれ過ぎていたのではないか、と思う事が多々あります。

かつては、専門学校を卒業したあとは師匠の院で修業を積み、時間の流れるままに独立して自院をオープンしても、何となく経営が維持できてしまったような時代でした。しかし、今や接骨院に限らず理・美容院をはじめ飲食店など、ありとあらゆる小規模事業において「ブルーオーシャン」の領域なんてものはなくなってしまいました。すべからく多くのライバル店としのぎを削らなければならない、それこそ血眼「レッドオーシャン」の状況で、全力で戦わざるを得ないのです。

私は、どんな業種であっても「必要とされない企業は淘汰される」という信念で、ここまで事業活動をおこなってきました。これは接骨院経営においても全く同じことで、地域社会の患者から真に必要とされない院は、業界からの退場を宣告されてしまうのです。

2023年に、日本政策金融公庫が、あん摩マッサージ・はり師・きゅう師・柔道整復師の施術所における「小企業の経営指標」を開示しました。

これによると、6年前に比べて、従業員1人あたりの年間売上高は、750万円から666・4万円へと落ち込んでいるそうです。また、肝心の収支平均についても、総資本経常利益率がマイナス2・1％からマイナス4・7％と、ほぼ全ての院において利益が上がっていない事が示されました。

この調査は、対象総数が240軒と少なく、柔道整復師だけでなく、はり師・きゅう師など他の施術所も含まれています。また、この間に新型コロナウイルス騒動もあったわけですから、この数値だけをとり上げて判断するのはいささか早計だとは思いますが、いずれにしても生産性が向上していないわけですから、収益性向が好転しないのは当然の話だと思います。

それでは、柔道整復師の施術所の経営はそれほどまでに深刻なのかというと、私は即刻「NOだ」と断言します。

確かに、接骨院経営をインターネットで検索すると、その後に「廃業ラッシュ」「苦しい」「厳しい」といったシビアな言葉が予測候補に並びます。しかし、どんな業界であれ、起業から3年間を継続できるのは36・5％ほどしかありません。10年も経つと6・3％になってしまいます。

飲食業界の生存率は、2年で50％、3年で30％、10年で10％ほどということで、100店あれば10年後に残れるのはたったの10店だけ。残り90もの店が倒産や廃業に至っているという事実があるのです。

一方で、接骨院運営はどうかというと、5年生存率が90％、10年生存率が70％ほどとのデータを見たことがあります。厳しい、苦しいと叫んでいる割に、他の業界と比較すると実情としてはまだまだ恵まれた環境である事がお分かりいただけるのではないでしょうか。

2

グローバルに広がる活躍の場

かつて長らく続いた時代（柔道整復師の養成専門学校が14校、1学年の定員が1000名強の体制）では、国家資格を取得した後は、師匠筋にあたる先生の接骨院で何年か勤務するのが通例でした。

仏道や武道の道を究めるのと同じように、師匠のもとで、ほねつぎを生業とする人間としての技術とか人間性を高める「修業」をしたものです。

しかし、修業者の身、教えてもらう立場の人間でありますから、待遇的には期待できるものではなく、ほとんどの場合は「丁稚奉公」感覚―自分が食べていくだけで精一杯の状況にありました。そこで、一定期間の修行を終えたら勤務先を出て自院をオープンさせていく。というのが、一般的な流れだったのです。

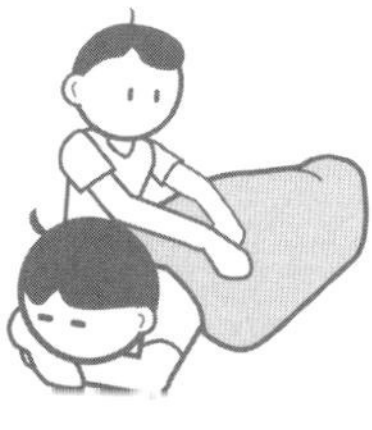

ただ、国家資格者が激増する環境のなかで、修業も一切する事なく、さしたる技術や経験を持たないままで開業する方が一気に増えてしまいました。

そのような粗製乱造の状態に、さすがに業界内でも危機感がつのったのか、「国家資格を取得した後に、1年間の実務経験のない者は施術管理者になれない」という規約を作る運びとなり、これが2022年4月からは2年間へと延長されました。

ただ、修業が一般的な流れの時代に、柔道整復師としての業務のイロハや、仕事の本質を習得せず、流されるままトコロテン式に外部に押し出されてしまい、成功をつかめなかった方もおられます。

そんな、中途半端に開業する事が極上の道とされた時代とは違って、今や柔道整復師の活躍の場は無限大に広がっています。

私の経営するサンメディカルでは、NPB（日本野球機構）チームにお世話になっている関係もあって、引退後に「監督」や「コーチ」として選手を指導する立場の方と接する機会が多くあります。

その方々は、「自分の現役時代には球団の専属トレーナーなんて、一軍と二軍を合わせたって2～3名しか存在しなかった。今の選手達は恵まれている」と口々におっしゃいます。

本当に恵まれているかどうかは別として、たしかに現状では一つのチームに最低でも12名、多いチームでは20名近くの専属トレーナーが在籍しています。

また、Ｊ１をピラミッドの頂点とするサッカー業界においても、各チームに複数名のトレーナーを雇っています。さらにラグビー、バレーボール、バスケットボールなど、選手同士がコンタクトするかしないかの競技に関係なく、ほぼ全てのスポーツフィールドに、柔道整復師の活躍の場が広がっているのです。

大谷翔平選手を筆頭として、日本人プレーヤーの活躍が目覚ましいアメリカのベースボール業界ですが、実は選手よりもトレーナーとして勤務する日本人が多く、今や各チームに1名以上の日本人が働いています。

その姿を拝見するに、この仕事に関与してきた人間として誇りに思うと同時に、当時を思うと隔世の感もあります。

このように、柔道整復師の業務は、接骨院や整形外科で医療関連スタッフとして働くだけでなく、プロやアマチュアの選手達を影で支えるトレーナーなど、多くの選択肢があるすばらしい職業なのです。

3

接骨院だけではない経営の本質

2020年初頭から始まった新型コロナウイルス騒動により、社会は大きく変わってしまい、多くの方が人生設計を狂わされました。かくいう私も、もうしばらくは現場に関わっていたいという漠然とした希望もありましたが、これを機会に業界団体や金融機関との関係を除いて、身を退く決断をしました。

そのようなセミリタイヤ生活をおくっているときに、長野県の蓼科高原のとあるスキー場で知り合った方から一冊の本を頂戴しました。この本が、柔道整復師とも関係のあるもので深い縁を感じましたので、もう少しこの話をさせていただきます。

当時の私は、コロナ禍であくせくしていてもしかたがないと、外部との遮断も兼ねて、スキーシーズン中は一人でスキー合宿をしていました。そこで、私と同じように一人で滑っておられたM氏という年配の男性と知り合い、親しくさせて頂くようになりました。

M氏は80歳を超えておられるのに、私なんかでは足元にも及ばないほど高いレベルのスキー技術をお持ちでした。というのも、M氏は横浜市内で内科診療所を20年間に渡り開業していた医師だったのですが、還暦を迎えたのを機にすっぱりと医院を他の医師に譲り、カナダへ移住して、スキーのインストラクター資格を取得してきたというのです。さらに、医師として活動するだけでなく、恋愛小説ジャンルを中心に多くの書籍を著していた作家でもあったのには驚きました。

そのやりとりの中で『マーノ・デ・サントの帰郷』（文藝書房）という氏の作品を頂いたのですが、これがものすごく興味深い内容で、一気に読んでしまいました。

この物語は、アルゼンチンの首都ブエノスアイレスにあるサッカーチーム、ボカ・ジュニアーズのトレーナー、花井貫一氏をモデルにした、ノンフィクションに近い作品なのですが、この花井貫一氏は、M氏の縁者にあたる方なんだそうです。

ボカ・ジュニアーズといえば、2020年に亡くなり〝神の手〟と称えられたディエゴ・マラドーナ氏が有名ですが、初代神の手と呼ばれていたのは、このチームで辣腕トレーナーとして活躍していた日本人の花井氏だったのです。

花井家は医師を数多く輩出していた家柄だったこともあり、かつて柔道が「柔術」と呼称されていた時代に〝ほねつぎ〟の技術を伝授されていました。そのスキルでもって、サッカー選手たちをサポートしていたのです。

2022年FIFAワールドカップで、9大会ぶりに3回目の優勝を果たしたサッカー大国アルゼンチンで、波乱万丈に生きた一人の日本人男性が、柔道整復の能力を有しており、しかもスポーツトレーナーのパイオニア的な存在だった、ということに憧憬を感じると共に、柔道整復師の職務に対する大いなる可能性も示唆されたような気がしました。

今や柔道整復師の資格者総数は7万8000人を超え、施術所も5万3000院を凌駕して、過当競争の状況にあるといわれるような状況なので、業界では明るい話題がなかなか出てこないのも事実ではあります。

ですが、人生100年時代と呼ばれる中にあってQOL（生活の質）の維持、および向上に欠くことのできないものとして、柔道整復師の仕事にぜひ自信と誇りをもって臨んで頂きたいと思います。私たちの仕事は、広く国民生活の役に立つ重要な業務であると同時に、将来的に不確実性を増す社会保障費の抑制にも寄与するものでもあるのです。

また、店舗や会社と同じように、接骨院の経営も、地域の社会から真に必要とされなければ淘汰されるものである、とシビアな感覚を持って院運営に対峙していただきたいものです。

自分には特別な技術やノウハウなんてない、と心配になる方もおられるかもしれません。ですが、門外不出のノウハウといったところで、物事は知った時点でタダの事柄だともいわれます。そもそも学びの語源は〝まねぶ〟であるように、秘伝の技なんかに尻込みせず、先人からの「良いとこ取り」でどんどん真似て、自分にできる事を増やしていけばいいのです。その為には、まず自分はこの仕事で何をしたいのか、何を求めるのか、というビジョンを明確にして欲しいと思います。

柔道整復師を職業として志したほとんどの方は、単に将来的に裕福になりたいからこの仕事を選んだわけではないでしょう。世の中の人達のお役に立ちたい、少しでも体を楽にしてあげたいとの想いもあって、この仕事に従事されたのではないかと感じています。さりとて肝心な収入が安定して得られない事には、生活が維持できませんね。

かつて、「きつい」「汚い」「危険」といった労働環境が悪い職業を、俗に３Ｋと呼んだものですが、私は柔道整復師の業務にもう一つＫを足して、「感謝」「感激」「感動」それに「高収入」の新しい４Ｋの仕事になるものだと自負しています。

もとより、前述のようにこの仕事に対して金銭的な欲求だけで関わる方はいないでしょうし、もしそんな方がいたならば、早々にこの職業から遠ざかった方が良いとすら思っています。

ただ、将来へ向かって生活設計が立てられないようでは不安しかありませんし、接骨院を運営していく上でも決して健全とはいえません。読者のみなさんにはぜひ、きちんとした経営のノウハウや知識を身につけ、安定した経営をしていって欲しいと願っています。

私の経営する企業は、新型コロナウイルス禍による危機的な環境の悪化以外は赤字になったことはありません。人件費や賃料などの必要経費を念頭に置いて売上を捉えていく、いわば逆算的な経営でもって、どんなに厳しくとも絶対に倒産させるものかという気概をもって経営に臨んできました。

事業経営というものは、利益が上がらないことにはどんな理由があったところで悪なんだという考えが染みついていますし、実際に破綻をしたら取引先はもちろんの事、一生懸命に頑張ってくれている従業員やその家族にも、迷惑がかかってしまうからです。

『接骨院経営　生き残りの条件』をはじめ、一連の書籍でも何度となく伝えてきた事ではありますが、こうした仕事に対する根本的な意識が欠如している方は、考えを改めるべきと思います。

かつてと違って、修業先から独立し、〝ところてん〟のごとく順送りに開業しなくても、今や優れた経営能力を備えた柔道整復師の方が数多くいらっしゃるわけですから、そこで就業の場を見つけるのがいいでしょう。兎にも角にも、自身で開業するにあたっては、そうしたビジネス感覚を持っていなければ、自分も周りも不幸になるだけです。

また、独立院院長として開業していくのであれば、専門的な施術スキルは当然の事ながら、経営者として最低限、試算表を読むための知識だったり、パソコン操作についてもある程度は勉強しておくべきです。

私がかつて初めての本を出版した際、書籍を担当してくださったのが、当時の明日香出版社の社長で、現在の相談役である石野誠一氏でした。石野氏もまた、10人程度の小さな企業の経営者として何冊もの本を執筆しており、まだ若く経験の少なかった私は、それらを事業バイブルとし、知識を叩き込んできました。これらの書籍は、今でも愛読し続けています。

金融機関との付き合い方や具体的な資金繰りの方法、そして部下との接し方に至るまで、事業運営のほぼ全てを石野氏の書籍から学んできましたので、今でも社員達への教育のために引用させてもらっています。

「営々黙々　花が咲いても　咲かぬでも」という言葉は、30数年前に石野誠一氏から聞いたものですが、このフレーズは今でも自分自身の座右の銘として大切にしています。

ただ、もとより「働き方改革」が叫ばれるこのご時世ですから、働くスタイルや考え方なんて十人十色、いや、百人百様であって良いはずです。要は自身の価値観とか生活様式に則った業務への姿勢や考え方を確立できればいいのだと思います。

私は「人生の目的は勝つ事だ」とこの年齢になるまで信じてきましたが、単に勝つだけでなく、関わってくれている方達も一緒にハッピーになってもらう事こそが最終目的なのだと、徐々に考え方が変化してきました。宗教家などではありませんので、私に関わるすべての方々に幸福を、なんておこがましい言い方だとも思いますが、この仕事に出会えたことに感謝しつつ、多くの先達から授かった知恵と勇気をこの本を読んでくださっているあなたを含め、後輩たちに再分配するのも、私に課せられた大きな使命だとも感じているところです。

4 自院の「ミッション」は何ですか？

――自院の「ミッション」は何ですか？――

そんな問いかけにすぐさま答えられる方が、いったいどれほどいらっしゃるでしょうか。他の方のことはわかりませんが、私は仕事を通じてやりたい事、目指したい事は創業の時から変わっていませんので、今でも即答する事ができます。

幸運にも素晴らしい能力のある医療機器に出会ったご縁を通して、**人々の痛みの緩解に役立つこと。そして、人の痛みを理解する事によって、我々も他人の痛みを理解できる人間として成長したい**、というのが当社の使命だと思っています。

そんな話を、後継社長の森本は全スタッフに明確に伝えてくれています。彼は、当社が目指す顧客満足とは、取引先の先生方を〝成幸〟に導く事であるという信念のもと、日々の事業に邁進しています。それは、取引先様のハッピーがあってこそ、我々も円滑に事業を運営することができるのだ、という思いから来ているのです。

組織としては、従業員をたくさん抱えているわけでもなく、社会に大きく貢献できているわけではないかもしれません。しかし、仕入先様を含め関係者の方々に迷惑をかけることなく、こうして人並みに充実した人生を送ってこられたのも、くどいようですが取引先様ご支援の賜物に他なりません。我々に関わってくださる皆様には、心の底から感謝しています。

さて、前置きが長くなりましたが、この章で私が問いたいのは、自身のミッションを強く意識しながら経営に勤しんでおられるか？という事です。

柔道整復師は、労働集約型産業の典型ともいえる業務の性格上、よほど多くの分院の経営をしていかない限り、体力がなくなるまで自身が現場に立って仕事をしなくてはなりません。

ただ、このような現状を理解していてなお、この職業を選ばれているのですから、単にお金につられて仕事をされているわけではないのだと思います。世の中に役立ちたい、患者さんの明るい笑顔を見たいという思いで選んだのだとしたら、余計に自分自身の役割は何だろうと考えてしまうものですよね。

私自身は、悠々自適な生活など望んだこともありませんし、自分の能力からしたら、競争激化の中では埋もれてしまうだろうと当初から自覚していました。

ただ、広い業界の中には、どんなに小さくとも、思う存分に活動できる「ブルーオーシャン」が未だ残されていると思うのです。

本来ならばあまりその手の話を公言してはいけないのですが、これからの産業社会において、大手の資本力の豊富な企業でしか生き残れないというのが一般的な見方です。しかし、こと柔道整復師においては、その中でも唯一といってよいくらい、個人の力で勝負が可能な稀有な仕事だと心から思います。

組織を中途半端に大きくする必要はありません。組織なんてものは若い時にできるニキビと同じように、大きくなればやがては潰れてしまうものなんです。ですから、大きくするのではなく、**自院を「強くする」**という点を、常に意識しながら経営にあたって頂きたいのです。

一寸一服
1

資金繰りの悩みを解消！ 経営のヒント

金融機関との取引関係を含めた資金繰りに関することは経営者にとって悩みの種ではないかと思います。銀行へどうやって借入申し込みをしたらよいのか、専門学校のカリキュラムや修業先にて教えてもらえるような話題でもないので本当に大変です。

当社サンメディカルは私が20代の後半に立ち上げたわけですが、それまでは実家の飲食店を眺めながらもさしたる経営能力は勿論なく、また誰に教わるでもなく徒手空拳でやってきましたので、資金繰りの話題についてては身につまされる思いです。私は創業期にはたった100万円の銀行融資を依頼するのにも困難を極めていました。融資審査を通してもらうために売上や返済方法、期間など将来的な展望を記す作業は、当時名古屋市内の創業時の場所近くにあった東海銀行の融資担当者が就業後に手取り足取り教えてくれました。今ではすべからく融資の審査はコンピューターによってプログラム管理しているようですが、かつては支店長決済といった少額の融資限度額が設けられ、支店長の裁量によって判断出来たようなのです。この折に幾度も計画書を提出し直したり、その後も借り直しを継続しローンヒストリーを積み重ねていきましたが、そうした努力の甲斐もあって経営のコツというか最低限どんな点を押さえておけば良いのかといった事項がおぼろげながら理解出来るようになってきました。

そもそも、事業の高収益化を図るのは経営者としての義務でもあります。雨が降ろうが槍が降ろうが、どんな環境の変化になろうともしぶとく生き残っていく全天候型の経営をするのが経営者としての責務としながら、なかなか数値に関する事に対しては疎い先生方が多いのが実情です。経理面に関しては奥さんに任せてとか、税理士に全権委任してという先生方をここまで大勢見てきましたが、施術者である前に立派な一人の事業経営者でもあるのですから、事業における最低限の経営数値は先生ご自身で掴んでおくことが必要不可欠なのです。

もとより、私は経営コンサルタントの資格を有するようなプロでもありませんけれど、ここまで40年にわたり中小企業を舵取りしてきた実務経験の中から活きたアドバイスの一つとして、常に売上総利益を基本とした動きを見る癖をつけておくのが重要だと感じています。これはどういう話かというと、試算表上での割合パーセンテージは一般的には対売上になっている事が多いのですが、この指標をすべて売上総利益（粗利：総売上から売上原価を引いた額）をベースとした数値に置き換えてしまうのです。色々と関係者としての見方があるのでしょうが、我々のような小さな組織にとっては、国際会計基準とか税務法上のルールなど関係なく、事業運営上で少しでも実務的に役立つスタイルにすべきです。

いずれにせよ、たったこれだけの作業を済ませておく事によって、最低幾らの売上がないと黒字にならないかとする損益分岐点がわかり、また毎月の返済可能金額も知ることができ、設備投資や住宅購入時などの借入限度額の参考ともなります。

参考までに、この住宅ローンの借入限度額は、一般的な給与所得者の場合、現在の年間収入×60歳迄の年数、例えば現在30歳で年収500万円のケースだとすると500万円×30年間で1億5000万円、この金額の3割となる約4500万円となります。頭金など諸々の条件によっても違ってきますが、概ねこんな数字をざっくり掴んでおけば大丈夫です。

また、住宅ローンの相談を受ける折にクレジットカードの有無によっても借入額が減少することをご存じない先生も多いようです。若い時にはよりステータスの高いゴールドカードとかプラチナカードといったプレミアムなカードを持っていたいものですが、クレジットカードは負債の原資としかみてくれませんから、1枚所持する毎に500万円、カードの種類によってはそれ以上のローン限度額が削減されてしまいますので、中途半端に見栄など張らず本当に必要なカードのみ身につけておくのが得策です。かように自院の主要指標を掴んでおくといざといった時に、スムーズかつ正確な判断が出来るのは間違いありません。

ご承知のように、経営者は職務遂行上様々な意思決定の場に出くわします。そうした折に際して適切な意思決定をしていくには、最低限の数値を押さえつつ原点に立ち返って頂くべきなのです。なぜならこうした数値は自院の置かれた現況を客観的に教えてくれるからです。現在の立ち位置だけでなく、今後の方向性の確認をはじめ目標とのギャップの是正、例えば毎月の売上推移のみならず季節変動による売上変化などを捉えることによって新たな広報戦術に取り組めたり、積極的な設備投資が可能になるのです。

我々人類はこの先々誰であろうといつかはみんな間違いなく死んでいくわけです。累計60万部以上も突破したひすいこたろう氏の書籍『あした死ぬかもよ?』(ディスカヴァー・トゥエンティワン)は最近読んだ本の中で一番興味深い本でしたが、そんな一度限りの限られた人生なのですから、せめて自分自身で選んだ好きな道に邁進し、後悔のない人生だったとしたいものです。いずれにしても、せめて出来ない言い訳、やれない弁解を常套句にする事は勿体ないと思いたいものです。

第2章

接骨院経営の安定化戦略

1

目指すは「結果を出せる治療院」

今後は、**きちんと「整える」接骨院だけが生き残っていく**のではないかと思います。

接骨院・整骨院を訪問させていただく中ではっきりしているのは、患者の症状がきちんと改善できている院には、患者が新たな患者を紹介してくれるということです。何か困った事があれば「あの先生が何とかしてくれる」と思ってくれているのですね。

患者の症状を改善できなかった院から移ってこられた患者が症状改善後に、また新たな患者を紹介してくれて施術を受けに来ていると聞きました。

この患者の連鎖がうまくいき始めると、患者のサイクルから、経営的にもだいたいの収益の波が把握できるようになるのではないかと思います。

症状を改善できない院へは行かなくなりますし、患者がこなければ院経営は成り立っていきませんので、整えられる接骨院のみが残っていくのは必然ではないかと思い、このテーマにも触れようと思いました。

前頁で紹介した事例は当社スタッフY君が言っていたものです。日々の現場で繁盛している接骨院、そして、そうでない院を間近に見聞きしているので、経営の二極化を切実に感じているのでしょう。

私からの意見も加えますと、接骨院に限らず多くの運営に共通するのは、「いかにして経営の安定化を図るか」という一点に尽きるのだと思います。

当社の場合は1台200~300万円、中には400万円を超える高価な医療機器を販売するわけですから、右から左へとそう簡単に流通はしません。

季節的な要因もありますし、大手組織が相手の場合には予算の申請時期なども関係してきますので、売上を平準化する事が困難なフロービジネスの典型だと覚悟して臨んできました。

しかし、そんな状況に決して甘んじてきたわけではありません。

機器の納入後の保証期間を過ぎた後は、保守管理契約を締結して頂き、突発的な故障が発生しても購入者に使用し続けて頂けるようにする。

そうした態勢を構築してこそ、取引先の先生方に「安心」を提供していくことに繋がり、それによって、「信用・信頼」を得られると信じてこうした契約を行ってきました。ありがたいことに、このやり方が功を奏して多くの取引先と締結させていただいていますが、こうした保守管理売上が、当社にとっての「ストックビジネス」になっているのです。

この売上比率が上がることで事業の安定化も図れるのですから、スポーツジムのようなサブスクリプションビジネスがトレンドとなってきているのはみなさんご承知の通りです。

ただ、個人的には接骨院の業務をサブスクリプション化させるのには反対です。先生方の施術を、安売りしてはいけないと思っているからです。

それでは、接骨院業界のストックビジネス化はどのような道筋が良いのかというと、保険施術と、そうでない自費施術の売上比率の健全化を図っていくことだと思います。すなわち、**向こう3年の間に売上の8割を自費施術、残りの2割を保険施術割合へ移行させていく**など、事業計画に基づいた動きをとってみるのはどうでしょう。

この売上バランスは、先生方の仕事に対する対峙の仕方、人生観にも関わってくるものですから、絶対にこの比率でなくてはならないというものではありません。要は人生設計と同じく事前の計画が大切なのです。

こうした事業の枠組みがあらかじめでき上がってくると、多少の困難に直面しようとも不思議と立ち向かえるものです。私自身は、自他ともに認める4流の…いや、5流の経営者なのですが、この事業計画を作成するようになってから、不思議と経営者としての「ブレ」がなくなったことを実感しています。

2

徹底した固定費削減

経費には流動費と固定費があります。流動費は比較的節約しやすいのですが、家賃や人件費など固定費に関しましては、一度決まってしまうとなかなか節約することが難しいものです。ここは計画的かつ慎重に設定することをお薦めしています。そこで固定費はどのくらいが適正なのかにつきまして、説明していきます。

院が上げている売上総利益（粗利）で固定費用をどれだけ賄っているかを表す指標**「固定費÷売上総利益（売上高－変動費用）」**を求めてください。そして導かれる計算値が損益分岐点比率となるのですが、この数値を**85～90%**、**出来得るならば80%まで下げる**ことが出来たなら強固な収益態勢を構築出来ている証左といえます。接骨院経営に限らず、全ての業種の収益構造はこの数値に当てはまるわけですから、この損益

分岐点比率だけは常にしっかり掴んでおいてください。

接骨院経営においては、多少の材料費が計上されるものの、売上金額がほぼ売上総利益に近い形になります。この指標が悪いとなれば是正させる為の対応としては、売上を上げることと、もう一つ固定費を下げること、この問題解決にはこの二通りしかありません。例えば、月間の売上が１００万円だと仮定すると人件費をはじめ家賃や水道光熱費といった固定費を80万円迄に抑える努力をしてくださいという意味です。ただ、固定費の中で一番大きなウエイトを占めるのは人件費ですから、ここを圧縮させ過ぎると自身そしてスタッフのモチベーションの低下にも繋がりますので、人件費の削減には安易に手を付けるべきではありません。

それではどうしたらいいのかと申しますと、これは経営コンサルタントや税理士ではない私が40年間にわたり実務として事業経営を担ってきたからこそ伝えられる話なのですが、この固定費であるところの**人件費を出来得る限り変動費化**させてしまったらよいのです。具体的な手法としては、この損益分岐点売上金額をクリア出来たら一定の比率でもって、ご自身そしてスタッフに賞与としてフィードバック、還元させていけば良いのです。院を法人化している先生にとっては、役員報酬は同一期間内には上げられないとか、役員賞与を支給するのは税制面的に見て勿体ないといった批判を受けるかもしれませんが、その点は全く心配に及びません。そもそも、お一人で運営している院であれば売上高のボリューム自体が予め分かっているような業態ですから、経営者としてグロス面でメリットのあるフリンジ・ベネフィット、賃金給与以外に獲得することが出来る付加的経済的利益は後付けでいくらでも考える余地があります。

要するに固定費を削減させる努力も大切ですけれど、それにも増して現状の売上を上げる為に、もっと腐心すべきだと申し上げたいのです。

3

二刀流経営の実践

メジャーリーグベースボールで、投手と打者の「二刀流」として大活躍している大谷翔平選手は、野球の概念を大きく変えてしまいました。まるで、アニメや漫画の世界のような大躍進で、人間でなくひょっとしたらロボットなんじゃないのか？と怪訝にすら思えた方もいたのではないでしょうか。

今後の接骨院経営のキーファクター（重要な成功要因）も、この「二刀流」にこそあるのではと考えています。

二刀流といったところで、接骨院で取り扱える業務は、骨折・捻挫・脱臼・打撲及び捻挫（いわゆる肉離れ）と法律によって厳しく規定されているので、他の医療に抵触するような業務はできませんし、関わるべきではありません。

私の言う二刀流とは**「ストックビジネス」**と**「フロービジネス」**を指すのですが、この二つのバランスを保つ事が重要だと思っています。もう少し具体的に述べると、保険請求を活用したこれまで通りの施術スタイルと、実費でお支払い頂く自費施術。この二つのインカムを求め、安定した運営をして頂きたいのです。

近頃は、顧客数を確保するために、あらかじめ毎月一定の金額を支払えば、何度利用しても構わないという「サブスクリプションビジネス」、いわゆる「サブスク」が流行っているようですが、残念ながらこのビジネスモデルは接骨院の経営にはそぐわないものとみています。なぜなら、接骨院の経営というのはどうしても人間の手間がかかる、レーバーコスト（人件費）が大きな業務だからです。

この二つのインカムを実現するために、たとえば**「午前中は保険施術タイム」**、**「午後からは自費施術タイム」**とするなど、時間を変えながら臨んで頂くのはどうでしょう。

30年前の話になりますが、当時は包帯を巻いて、余分に何十円を頂くとかどうとかいった時代でしたから、自費施術によって1回に何千円も頂戴するなんてできるはずもないと、同業者に提案しても歯牙にもかけられないものでした。

ですが幸いにも、現代の先生方はそのような事例に抵抗感が少なくなってきたのと同時に、患者さんも、満足できる施術をしてくれるのなら、高額な施術代を支払っても気にしないという方が増えてきていると感じていますので、実現不可能なものではないと思います。

ところで、私は自宅近所にある歯科クリニックに、３か月ごとに歯の検診に出掛けています。忙しさにかまけて若い頃はしっかりと歯のメンテナンスをしてこなかったのですが、10数年前から定期的に通うようになってから、歯に関するトラブルはめっきり少なくなりました。年に４回の歯石除去やクリーニングの治療代は総合計で１万円程度ですが、痛くなってから歯科医に飛び込んでいたときと比べると、確実に時間と治療代の節約になっていることを実感できます。

ところが、歯科の定期検診を受けている方の割合を各国の成人男女で見ると、アメリカでは80％、スウェーデンにおいては90％強にも及んでいるにもかかわらず、日本でいまだ２％にとどまっているのです。この数字を見た時に20％のプリントミスではないかと何度も確認しましたが、このパーセンテージに間違いありませんでした。

ここで何を言いたいかというと、この予防観点の低さこそが、今後の接骨院経営の大きな源泉となり、増え続ける社会保障費の低減に貢献するものなのです。

つまり、何か不調が発生してから医療機関に行くのではなく、日頃から「ケア」として定期的に施術に来て頂ける患者を獲得する。これこそが、私が、「柔道整復師こそ、この日本を救うプライマリケアの先兵だ」と言い続けてきたゆえんでもあるのです。

私の年齢は、古稀の少し手前だと書きましたが、冬はスキー三昧、暖かくなればゴルフ三昧と、20年前と変わらぬ好き勝手な生活を謳歌しています。ですが、私の周囲には、80歳を超えてもそんなアクティブな方がたくさんおられます。

日本の戦国時代を生きた武将達の平均寿命は「人間五十年下天の内をくらぶれば、夢幻の如くなり…」と謡われたように、人の一生はたかだか50年と短く、そして儚いものだといわれてきました。しかし、今や日本人の平均寿命は2023年現在で男性で81歳、女性だと87歳を超えているわけで、500年前と比べると実年齢の7掛けくらいまで延びました。

いくら日本が人口減の時代であっても、そのような高齢者（私自身も含めて）が増えてくるならば、マーケットとしての魅力は十分にあるのではないでしょうか。「人口減だからお客が減る」とネガティブな考えをもつより、自分の身体を維持するためにお金を使う事のできる可処分所得の高い人間が増えてきている、という事実に目を向けて欲しいと思うのです。

4

ストックビジネスの取り組み

経営を安定させるうえで、継続的に売上にできる契約があるのはとてもありがたいことです。

私が経営するサンメディカルの事業域は、一台の平均販売価格が200～300万円。それも、創業当時は「アキュスコープ」と「マイオパルス」の2台を一緒に活用して頂いてこそ満足する効果が発揮できるとの思いもあって、2台セット800万円でしか販売していなかったものですから、毎月の売上予想が立てづらく、ずいぶんと苦労をしたものです。

当時はもちろん今もそうですが、日本で厚生労働省認可（現在は第三者認証機関の認証）を受けている後発医療機器の2倍以上もする高価な機器ですから、そうそう簡

単に売れるものではありません。

そこで私は、かつてタカラベルモント社という大手の企業が輸入販売権を持っていた、ドイツ・ネメクトロン社の日本代理店の権利を得るべく、交渉に向かいました。

このネメクトロン社は、体内で異なる電流を干渉（交差）させ、深部まで刺激を与えることで痛みを取りのぞく「干渉波治療器」を、世界で初めて販売したメーカーでした。

タカラベルモント社は、すでに年商数百億円レベルの企業でしたが、メインは理・美容室のシャンプー台、そして歯科医院の治療ユニットでした。なので、いくら良い機器であるといっても、理学療法分野の2億円程度の売上では持てあましているだろうと考え、代理店をサンメディカルに変更してもらえるようアプローチしたのです。

今もさして大きな企業ではありませんが、当時のサンメディカルは総勢10人にも満たない陣容でしたので、こんな小さな会社に権利を引き継がせても大丈夫か、との疑心はドイツのメーカーサイドにもあったと思います。また、タカラベルモント社にしても、どこの馬の骨ともわからん若造に貴重な許認可を譲り渡すのはしゃくだ、という思いも当初はあったと聞きました。

ただ、ドイツのメーカーには「相手が大手だからこそ、この程度の売上シェアでは力が入らなくて当然だし、国内代理店ならメンテナンスも含めて私に任せた方が、会社としての信用を下げなくて済みます」と真摯に説得しました。それによって、今は一般的になっている事業譲渡を、それも無償でやりとげたのです。

なんだか自慢話になっているようで申し訳ありませんが、ここで伝えたいのは**取引先や販売地域などの価格帯別によって、リスクヘッジを図っていただきたい**ということなのです。

もう一つの例として、自宅の近くにあるフレンチのレストランをご紹介しましょう。箸でもって食べることもできて私のお気に入りの店なのですが、いくら気に入っているといっても名のあるシェフがいる高級店ですので、そう頻繁にお邪魔するわけにはいきません。

それに、人気店なので予約をすること自体、なかなか困難な状況でもあるのです。

味についてはそれぞれの味覚もありますから、ここでとやかく述べるつもりはありません。私がお伝えしたいのは、この店がそこまでの繁盛店となっている、ある「仕掛け」についてです。

仕掛けなんて言うと大げさですが、このお店では、お客様の情報を詳細に入手し、それらを来店時に活かすべく相当な工夫をしているのです。

昨今ではアレルギーの問題もありますから、苦手な食材や食べられない食材をお客様に確認することは当り前のようになりましたね。

ただ、その店ではそれに加えて「もし差し障りなければ、今回のゲストはどなた様なのか教えていただけますか？」と尋ねてくれるのです。もし、以前別の機会にその店を訪れたことのあるゲストならば「お客様は○○を気に入って頂いていたかと思いますので、ご準備しておきましょうか」と口添えしてくれるのです。

こうした点は、これまた昨今やかましい個人情報保護法の絡みもありますから、ナーバスな問題も含まれています。が、以前の来店時に名刺交換をしたり、挨拶で名乗ってくれたりすれば、法律に触れることなくお客様の属性をＳＮＳなどで手に入れる事ができるのです。

そして、さらに驚くべき点は、そうした情報を支配人をはじめスタッフ達がみんなで共有していることなのです。デフレ社会の中にあって、外食産業、特に高級店の運営は難しくなっていると聞きますが、こうした細やかな気づかいができるお店はきっと勝ち残っていけると思います。

さて、ここからが本題ですけれど、この店ではお客様を明確に差別化しています。差別というと今時は嫌がられるので「区別化戦略」とした方が適切でしょうか。ABC分析ではありませんが、顧客をランク別にグループ分けし、明確に区別をしています。一部のハイクラスのお客様は出入口さえも違って、他の一般のお客様と顔を合わせることがないように配慮されているそうです。私はそこまでハイエンドな人間じゃありませんから通常の入口を使用していますが。

こうしたところからも、次項でお話するすべてのお客様のうちの2割で売上の8割を賄っている「2：8の法則」を実践しているのだなと感じています。

5

売上の8割を生む2割の顧客とは

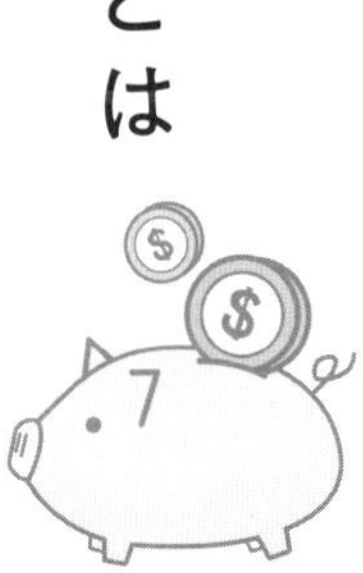

フロービジネスとストックビジネスとの割合に黄金比率などはありませんが、私自身は**「2：8の法則（パレートの法則）」**を重要視しています。これは、イタリアの経済学者ヴィルフレド・パレートが提唱した**「コアな2割の顧客によって売上の8割を上げている」**という理論です。

私は前述のレストランにせいぜい年間4回ほどしか訪れないミドルクラスの客だと思います。ですが、メニューが変わるたびに来店する30組のAクラスのプレミア客、そして私のようなBクラスの客70組が季節ごとに来店したと想定すると、確かにこの100組のお客によって、全売上の8割程度は計上しているなと計算することができます。

このようなマーケティングの手法は、どんな業種であっても取り入れられていると思いますが、特に単価の高い商品の販売や高付加価値のサービスを提供する職種においては、より重要になってきます。この点こそが、ライバル院との差別化に繋がるものなのです。

例えば、とある柔道整復師の先生は、世間話の中から患者の家族の属性を掴んでいるそうです。カルテの中には症状はもちろんのこと、会話の中で得た情報がびっしりと記されていて、外孫の名前まで記していたそうです。患者からしても、孫の話を先生が覚えていてくれたら嬉しいですよね。それも「お孫さん」ではなく、「たしか、お孫さんの名前は○○ちゃんでしたよね？そろそろ年少組ですか。かわいい盛りですね」なんて話しかけられたら、間違いなく先生と患者の距離はさらに近づくでしょう。

ここでお伝えしていることはすべて新しい話ではありません。テクノロジーなどの科学の分野を除いて、人間の営みなんて何千年も前から言い伝えられていることの繰り返しだと思っているからですが、肝心なのは、得た情報で実際に行動に移せるか否かなのです。

このように、患者とのコミュニケーションを重視することは、2割のコアな患者（リピーター）を生むことにつながり、**高い費用対効果と生産性を実現**できるのです。

さらに例をあげて接骨院経営における「2：8の法則」を説明しましょう。

仮に、自院の総患者数が300名で、月間の平均収入が100万円だとすると、そのうちの2割（60名）の患者で、総売上の8割にあたる80万円となるように計画することです。自院に通っている患者が、そんな高額な代金を支払えるはずがないと思うかもしれませんが、多くの現代人にとって一番の関心事は「健康な身体」です。健全な身体を保持していくための自己投資は、皆さんそれぞれしているのです。

具体的には、ゴルフやランニングといったスポーツ、トレーニング施設の定期利用、健康食品やサプリメント類の摂取、あん摩、マッサージや整体といった民間施術費用などでしょうか。特に、私のような高齢者になってくると、このような自己投資の感覚を持つ方が増えていることを実感します。また、子育てや住宅ローンが終わり、自由を謳歌できる世代だけでなく、若い世代でも健康維持のための出費を苦にしない方が増えています。

こうした**健康への意識が強い層に対して、問題や症状をきっちり解決する形で自費施術を行うのが良い**でしょう。そして、それ以外は、今まで通り保険施術を進めていく形で十分だと思います。ただし、患者の考え方を尊重し、コミュニケーションを図りながら進めることが大切です。患者の自らの意思が重要であり、決して施術者サイドから強制するものであってはなりません。それを強行すれば、単に院の評判を落とすだけの結果になりかねません。

「2：8の法則」は、所得分布の経験則から生まれたものとされていますが、現在では売上管理だけでなく、広くマーケティングの世界にも適用されています。上位2割を改善することができれば、残りの8割にも効果が出る、と派生した使い方もされています。

これを接骨院の業務に当てはめると、患者全体の2割の症状が残りの8割に影響し、また2割の患者の年代層が全患者の8割に影響するなど、施術方向性を決める上での大きな指標になります。こうした指標を活用するためには、1年に1回程度、数値をしっかりと分析するとよいでしょう。

最後に、**経営はトライ&エラーの繰り返し**です。万能な法則はありません。失敗したら次の方策を立てれば良いだけですし、わずかな成功を得られたとしても、成功例はすぐさま誰かに模倣され、やがて陳腐化するのが世の習いです。決して諦めず、そして驕ることなく、営々黙々と頑張っていくしかないのです。

6
リスク管理の重要性

先生方は、日々、自院の経営を考えておられると思います。私自身も社長を辞め、会長職としてセミリタイアするまでは、四六時中ほぼ仕事のことばかり考えていました。

今でこそ、金融機関からの借入金はあっても、自己資本率が70％近い（実質、無借金経営の）超優良企業になれたとうそぶいていますが、当時は「もしもあの機器の売上が月末になっても入金されなかったら借入の返済をどうしよう…」などと心配ばかりしていました。

私もここに至るまで数多くの経営者に会ってきましたが、概して良い経営者は小心者、いわゆる「ビビリ」のような人間が多いと感じています。

たとえ大胆不敵な面構え、偉そうな物言いであったとしても、内心ではむしろ細やかに先々の事態を計算しながら慎重に対処する、大言壮語の中に繊細さを醸し出す、そんな人間こそ小さな事業の経営者には向いているのです。

世の中に氾濫している経営指南書とか心理学書を読みますと、心配することの99％は起こらないから気にする必要はないと書かれています。確かにその通りだとは思います。そんなのをいちいち怖がっていたら、怖くて外出することもできなくなってしまいますからね。

しかし、**その1％をドキドキ心配することこそが、経営者としてリスクヘッジと成長の糧となり、柔道整復師としてのスキルアップにも繋がるもの**だと信じて疑いません。

私は、自社のスタッフに対して、学校を卒業して社会で本当に必要なスキルは「想像力」と「問題解決能力」だと言い続けています。起こり得るトラブルを未然に防ぐ努力と、常に第二案を含めたソリューション思考をもってすれば、どんなにシビアな社会であろうと生き永らえるものだと思っているからです。

ですから、接骨院を経営する先生方には、ぜひとも心配性になって頂き、感性豊かな施術者になって頂きたいと思っているのです。

因みに、私に代わり現在のサンメディカルの社長職を務める森本は、1年365日、仕事から頭が離れる事はありません。もちろん、常に考えているわけではありませんけれど、たとえ休日だったとしても、業務のヒントになる内容はメモをとったり、自分の仕事に活かせないかとあれやこれやアイデアを伝えてきます。

一体、彼はいつ休んでいるのかとこちらが気になるくらいですが、ある程度、脳に刺激のある方が彼にとっては心地良く、マラソンランナーでいうところの「ランニング・ハイ」のような状況を意識して作っているのだと勝手に想像しています。またそれに加えて、取引先の先生方のお役に立ちたいという一念が噴出しているのも関係しているのでしょう。

話は変わりますが、私は、生まれた時からずっと名古屋市に住んでいます。

地元プロ野球チームの中日ドラゴンズに在籍し、現役時代の全ての期間においてフランチャイズプレーヤーとして活躍した山本昌氏という方がいます。

この山本昌氏が、50代での登板を花道に引退された折にパーティーが開催されました。その場で、彼は現役選手の間はシーズンオフ中であっても、ずっと継続して緊張感を保ってトレーニングを続けてきたと語っており、そのメッセージが印象に残っています。

野球選手のようなプロフェッショナルではないのだし、そんな真似をしたところで、と思われる方もいるでしょうが、接骨院の経営者も経営のプロです。

レセプト業務で使用するパソコンは、スリープ状態のまま点けっぱなしにしておくと、何もしていない時間であっても多少なりとも各パーツに負荷がかかってしまって、パソコン本体やパーツの寿命が短くなる可能性があるといわれます。

しかし、われわれ人間の場合は、せめて電源くらいは切らない方が老化防止にも繋がるし、精神衛生上の観点からしても良いと思います。

人それぞれの考え方で結構ですが、いずれにしてもせめて**「電源スイッチ」だけは絶対に切らないで頂きたい**と思います。

7

リピーターの重要性

柔道整復師を取り巻く環境は年々厳しさを増しています。2021年のデータによると、柔道整復師の年間平均収入は600万円を下回っており、月収に換算すると約50万円です。しかし、この平均値の裏には大きな格差が存在します。年間1000万円以上の収入を得ている施術所がある一方で、年間300万円程度で院の存続の危機に直面している先生方も少なくありません。

この状況の背景には、柔道整復師の増加と療養費総額の減少があります。現在、柔道整復師の資格者数は8万人近くにのぼり、施術所数も5万カ所を超えています。厚生労働省の調べでは、一時は4000億円を超えていた柔道整復への療養費が減少傾向にあり、令和3年度推計では2867億円と3000億円を下回っています。また、

度重なる不正請求事件などで柔道整復師への風当たりが強くなったことも背景として考えられます。

本書では、月間100〜150万円の収入を想定していますが、現状の平均的な月収50万円との差を埋めるためには、実費収入の増加とリピーターの獲得が不可欠です。特に、リピーターの獲得と維持において、**口コミの力は非常に大きい**と実感しています。以前出版した書籍の中でもあれが良い、これが良いのと他の集患方法と比較して色々と提案して参りましたが、あれから30年経って「口コミ」に勝る方法が見いだせなかったというのが本音です。

接骨院のように、大規模なスタッフを抱えることができない業種においては、施術者自身が患者と向き合うことが求められます。例えば、15年間神奈川県で順調に接骨院を経営していたある柔道整復師が、家族と共に長野県に移住し、全く新しい土地でゼロからの再スタートを切った例があります。氏は保険請求に依存しない施術方針を貫き、自然豊かな環境での子育てとの両立を目指しました。地域に溶け込むため、消防団や地域イベントにも積極的に参加し、SNSを活用して認知を広めるなど、地域社会との繋がりを築きました。このように、地域社会との絆を深めることが、リピーター獲得において非常に効果的です。なぜなら、施術の技術だけでなく、**人間としての資質や信頼関係が大切であり、その結果、口コミを通じて評価されるのです。**氏は若年層からプロのアスリート、富裕層に至るまで、さまざまな患者層に支持される施術スタイルを確立しています。

院運営は一人ひとりの生き様や哲学があらわれます。日々、自分自身の「思いの丈」をぶつけていきたいものです。その点を常に念頭に置いて行動へと移すことが、接骨院経営の安定に寄与し、リピーターを育てる力となっていきます。

本書を読んでいただいている先生方の多くが、分院を有せず助手や受付スタッフたち1～2名にサポートしてもらいながら、先生一人で院運営に携わっているのではないでしょうか。年々厳しくなる現状を受け止めつつ、報酬だけではない魅力を感じ、日々、仕事に向き合うことが大切です。

重要なのは、高度なＩＴ技術や経営セミナーではありません。まずは目の前の患者に寄り添い、痛みに真摯に向き合うことが重要です。施術スキルを高め、患者が抱える問題を解消することが、最大の営業活動となるのです。営業活動に秘策はありません。

当社の40年の経験からも、真剣に接していけば道が開けることを学びました。創業当時、日本の理学療法機器価格の3〜4倍もするような国内未発売の機器を取り扱っていたため、業界関係者からは売れるわけがないと目も向けられない状況でした。勉強会では3名しか集まらなかったこともありましたが、今では次回の開催を待ち望む先生方が多数いらっしゃいます。この結果は、製品を愛し、啓蒙と技術の研鑽に励んできた地道な活動に共鳴してくれる先生方がいてくださるからです。

接骨院経営も同様に、コアな患者を獲得し、その患者がさらに新たな患者を呼び込むことで好循環を生み出します。療養費が減少している中で、自費メニューや自費施術が院の存続を左右する要因となっています。リピーター管理はその経営基盤を支えるカギとなります。

一寸一服
2

スタッフとの接し方

先生方のお悩みの中で一番多いのは、何といってもお弟子さん、書生さん達との接し方についての質問です。この問題は古今東西を問わず、恐らく有史以来ずっと語られてきたいわば永久に不滅のテーマだと思っています。

「今時の若い者達は一体何を考えているのか分からない……」

きっとこのフレーズは今までも、そしてこれから先々も永遠に使われていくのでしょうが、それほど実際に生活してきた時代が変われば考え方も違ってくるものです。よって、この質問へのベストな回答はどんなに著名な評論家や経営アドバイザーでも、持ち得ないと思われます。

ただ、そう言ってしまっては身も蓋もありません。かく言う私自身も中小企業経営者の一人として人の問題では常に〝悩んでいました〟。

中でも驚いたのは、とある紹介で入社してきた社員が、新卒から2年後に退職代行サービスを利用して退職手続きを取ってきたことです。仕事が合わなかったのならば致し方ないにしろ、縁あって入社しそのような紹介者との人間関係までも安易に断つようなことではこの先も困るだろうとかえって心配してしまいます。それ以上に、当社の環境が劣悪だったのかとの裏返しかもしれませんが、いずれにしても、一度は好んで自社の門を叩いてくれた人間が何の前触れもなく去ってしまうのは寂しいものがあります。

ところで、前述で〝悩んでいました〟と過去形にしたのは、実は現在では一切そうした問題に苛まれなくなったからです。それはここに至るまでの年齢や経営者としての長年の経験なども影響しているかもしれませんが、決定的に腑に落ちたきっかけは20数年前にベストセラーとなった『**イヤならやめろ!**』（日経BPマーケティング）という書籍に出会ってからの事です。この書籍は京都市に本社を構える産業用分析機器メーカー、今時の言葉でいうところのベンチャーの先駆けとされ、そののちに東証プライム企業にまで成長した堀場製作所の創業者である**堀場雅夫氏**が著したものですが、書籍のタイトルからすると、一見して上から目線の高圧的なパワーハラスメントに近いイメージしか浮かびません。

しかし、この会社の基本的な考え方を「おもしろおかしく」としているように、どうしても嫌な会社は早期に辞めておいた方が、本人のみならず会社にとっても最大の幸福だとするメッセージは、当時の私にはとても説得力あるものに映りました。

この本を読んでから面接に関わる折は、担当部署が判断した事案なので私からは何もコメントしませんが、たった一言だけ、イヤなら一刻も早く辞めた方が良いとアドバイスするのを常としています。一度きりしかない人生を僅かばかりの報酬の為にあくせくと働く必要はないのです。

当社は従業員が40人にも満たない小さな会社ですから、福利厚生面の待遇も含めて脆弱です。有給休暇の取得一つとっても、周囲のスタッフたちに迷惑がかからないよう調整しながらと、昨今の言葉でいうところのホワイト企業ではありません。しかし、決してブラック企業だとも思ってもいません。なぜならこんな人手不足なご時世ですから、当社のようなさして高給でもない組織なんてすぐさま見限られてしまうからです。

それでは、どうやってスタッフたちとの人間関係を維持していくかといいますと、ご自身の目指す院の将来、これを熱く継続的に語っていくしかないのです。当社には今までも一人ないしは二人と少人数ではありますが、新卒者が入社してくれています。しかしながら、残念なことにそのほとんどが3年と保てずに会社を去ってしまいます。一方では20年以上にわたり働いてくれているスタッフが半数近く在籍していますし、中には創業からずっと一緒に頑張ってきた石川のような戦友とも呼べる人間もおりまして、そうしたスタッフがサンメディカルを長年支え続けてくれています。

つまり経営者は、**自院の方向性といったビジョンを明確にスタッフに示し続け、それでもどうしても分かり合えない、合致できないならば早**

期に袂をわかてばよいだけと思います。

くどいようですが、柔道整復師を取り巻く労働環境は労働集約産業の最たるものです。機械やロボットに製造を委ねて売上を作ってもらうビジネスでなく、単純に患者の数量×単価ですから、お金だけの処遇でもってこの仕事に従事していこうとは端から考えていない方ばかりではないでしょうか。

サンメディカルでいうところの人の痛みを当社機器によって解放し笑顔を取り戻して頂く、そして常に感謝と感激そして感動の頭文字からとったフレーズ3Kを胸に社会に貢献していこうとの経営理念に共鳴できない人間は早く去ってもらった方が得策ではとの結論に至ってからは、全くもって悩むことがなくなりました。経営者として避けて通れない関所の一つだとそんな意味からも気楽に考えておいた方が良いと思っています。

もとより、同じトラブルを起こさないように工夫をするのが賢人の知恵でもありますから、問題が起きたら二度と発生しないような手立てを講じておくことが必要です。加えて、若いスタッフを叱責する折にはいい加減に叱らない方が良いとも感じています。「こんなの本当なら言いたくないけど、君の為だから」との言い回しは絶対にNGで、止めておいた方がよいです。人の為と書いて偽（いつわり）と読みますが、**「早期に君が成長してくれないと僕が困るんだ」**の方がより心に刺さります。両親などの利害関係者以外は、ほぼこれが真実であるわけですから、特に若いスタッフにはこうした本音で接することが大切だと感じています。

ここまで長々と持論を述べましたが、どんなに厳しい物言いであっても熱いハートと愛情をもって接すれば理解してくれることが多いのではないでしょうか。現在では大手の金融機関に就職したところで10年も経てば半数以上が退職するご時世、それが通じないようならば、うちのような小さな組織では致し方ない話だと腹を括る、何事もかようにポジティブに捉えていくしかありません。

第 3 章

デジタル時代の認知拡大戦略

1

接骨院経営における デジタル化の影響と機会

30数年前に私が記した『接骨院経営 生き残りの条件』は、それまで接骨院を取り巻く事業運営に関するハウツー書など誰も著した例がなかったものですから、大いに脚光を浴びました。どのような姿勢で関われば患者にアピール、理解を得られるかという内容で、特別な情報ではなかったかもしれません。しかし、これなら真似が出来る、さらに工夫できそうと、先生方にとって一歩を踏み出して具体化する勇気やきっかけにも繋がったと思っています。

ただ、こうした**ノウハウは、広く知られてしまうと、その価値が時代とともに低下**していくものです。実際、私の書籍がある程度の評価を得た後、質の高い関連書籍が書店の棚に数多く並ぶようになりました。さらに、大手上場企業の経営コンサル会社までもが注目し、同様の書籍や活発な経営セミナーが開催されるようになりました。しかし、こうした状況に対して、私は「二番煎じ」だとか「良いとこ取り」だとかといったやっかみは一切感じていません。それどころか、この業界に対して関心を持っていただける識者が増えてきたことを嬉しく思っています。むしろ、出版して良かったな、少しは背中を押す私の役目は果たせたのかなと感じているのです。

さて、デジタル化の波は接骨院経営にも大きな影響を与えています。かつては、チラシひとつ制作するにしても事前の説明に手間が掛かり、関連資料をもとに色々と腐心したものですが、今や関連法規なども承知していただきスピーディにできるようになりました。今ではインターネットがあれば、そのようなモデルをすぐさまパソコンやスマートフォン一つで検索可能な便利な時代となっています。

患者の来院を継続化させるための手法にしても、加盟する保険組合がいくつかのひな形を準備してくれています。さらに、施術の予約方法に関しても電話応対ではなく、インターネットにて済ませられますし、そうした費用についても受付スタッフの労働コストを鑑みると大変リーズナブルです。

もちろん、このように時代が大きく移り変わってきて、何でも簡便にできる環境がすべからく良いのかというと、決してそうではなくデメリットもあります。なぜなら、人と人とのコミュニケーションを取ることが希薄になっているからです。接骨院経営は、労働集約産業の最たる業務ですから、会話なくして成り立ちません。もとより、そうしたコミュニケーションを意図的に取らない人間が増加してきた背景もありますが、私はむしろこんな**デジタルな時代だからこそアナログ面を逆張りで強化する**、それが自院の繁栄にも繋がるものと信じて疑いません。

2

効果的なオンラインマーケティング戦略

接骨院経営における広報活動の具体的な方法は、インターネットの普及によって大きく様変わりしています。現在ではホームページやＳＮＳを活用して情報の発信をしていない接骨院はほとんどないと言っても過言ではないほど広く行き渡っています。最近ではお堅い宮内庁ですら公式インスタグラムの運用をスタートさせている時代ですから、自院のホームページを制作していなかったり、ＳＮＳを活用しきれないようでは、接骨院経営に限らずサービス業を営むのは難しいくらい社会環境に大きな変化が見られます。

ホームページを充実させて新規の患者を獲得する営業戦略については、すでに着手していらっしゃるかと思います。ただ、ここで少し立ち止まって冷静に見つめ直していただきたいのは、**先生が本当に目指したいのは何なのかと原点を模索**することなのです。個人の接骨院が他の大手のチェーン院やフランチャイズ院の真似をして同等な営業施策を打ったところで、単なるコストアップに繋がるだけでさしたるメリットはありません。

もとより、自院なりのホームページを有するのは必要ですが、ホームページについては数年に一度の見直しをする程度にしておいて、日々の活動ではSNS、それもフェイスブックとインスタグラムを連携させる手法が効果的だと思います。写真や動画でビジュアル的に訴求できるという点もさることながら、気軽に記事の投稿ができるからです。もちろん、毎日のように何度も投稿する必要はありません。投稿頻度が高すぎると患者からかえって敬遠されてしまいますから、バランスを意識しながらアカウント運用を目指していただかなくてはなりません。

SNSを活用する上での先生方の主たる目的は、自院のフォロワーを増やすことではありませんから、**1週間ないしは10日間といった間隔で定期的に投稿される**のをおすすめします。SNSは現在あらゆる業種で活用されていますが、「いいね！」数を増やしたりバズリを狙うものでもありませんから、接骨院業界ではこの程度の頻度で充分だと思っています。

ＳＮＳの専門家たちの間では、３日に１回の投稿は最低限でも必要、できる限り日曜日を避けて、水曜日とか木曜日の夜９時頃の時間帯が一番フォローしてもらいやすい時間帯だと、何かとうるさいようです。個人的には10日間に１回の投稿でも全く問題ないと考えてはいますが、しかし一つ強く申し上げたいのは一旦投稿をし始めたら余程の事情がない限り、同じ曜日そしてできるだけ同時刻に発信することを心がけていただきたいのです。

継続は力なりと申しますが、**一度やりかけた事は絶対に続けていくのだとの心意気**は、いかなる事業においても成功させる上で必要です。最初から意気込んで数多くの情報を掲載し過ぎるのではなく、できる事を少しずつ確実に進めていきましょう。特に、この業務に従事しておられる先生方はこうした点を疎かにする方が多い傾向にありますが、一度取り組み始めれば大したエネルギーを費やすことなくこなせていくものです。

中には反対にインターネットスキルを徹底的に具備して他院との差別化を図るという先生方もおられるでしょうが、あまりにネットスキルに長けてくると何々オタクではありませんが、本来の目的を見失ってしまいかねません。休日のお知らせなど院の動向をはじめ、桜の便りといった地域の季節の移り変わりの便りと共にさりげなく身体の調子伺いを投げかけていくスタイルが、最も効果的に患者とのコミュニケーションを維持していける方法ではないでしょうか。具体的な手法は個々によって違ってくるのでしょうが、これらＳＮＳはあくまでツールですから、自分のスタイルを押し通せばそれで結構だと思います。

3
デジタル化に伴うリスクと対策

接骨院のデジタル戦略の文脈で話を進める際は、ホームページのＳＥＯ対策とかＭＥＯ対策が必須だとの声が、関係書籍には数多く掲載されています。そのような意味合いにおいて、院経営の中で想定しておくべきデジタル対策強化について、この書籍内でも説明しておくべきではないかと、本著の制作編集会議の場でも話題に上がりました。

ところで、このＳＥＯ対策とは調べてみますと（Search Engine Optimization）の略で、なるべく検索エンジンの上位に表示されるような対策ＭＥＯは（Map Engine Optimization）からとった頭文字で、地図エンジンの検索結果で上位に表示されるよう手立てを講じることで、来院促進につなげるものだとあります。なぜなら、3位以下だと見てもらえる比率が8割以下に減少するなどのデータが存在し、価値が大きく毀損されるからです。

ただ、私は率直に言って接骨院運営では全く不要だとまでは申しませんが、優先順位の低い施策だと思っています。例えば、ラーメン店を探すにあたって、「OKグーグル、この近所の美味しいラーメン屋さんを教えて」というのは往々にしてあり得るのでしょうが、「OKグーグル、この近くの評判の良い接骨院を探して」などという話で、新規の患者が来院してくれるものでしょうか。もとよりそれがゼロだとは断言しませんし、私が高齢者という年齢的な問題もありネット時代についていけず、こうした点を重要視していないとの非難を受けるかもしれません。

しかし、個人経営の院を維持させ繁栄に導くには、そうした事案よりは知人や縁者からの紹介によっての来院のきっかけの方が、はるかに多いのではないでしょうか。この一件について私の言っていることが的外れだとしましたら、この書籍を購入すること自体が、もったいない話でもありますので、この書籍はそのまま所持していただいても結構ですから、責任をもって返金に対応させていただきたく、お知らせください。

荒っぽい言い方ですが、これをやってさえおけば間違いなく大丈夫だとの妙案なん

郵便はがき

恐れ入りますが
切手を貼って
お出しください

112-0005

東京都文京区水道 2-11-5

明日香出版社

プレゼント係行

感想を送っていただいた方の中から
毎月抽選で10名様に図書カード(1000円分)をプレゼント!

ふりがな お名前	
ご住所	郵便番号 (　　　　) 電話 (　　　　) 都道 府県
メールアドレス	

* ご記入いただいた個人情報は厳重に管理し、弊社からのご案内や商品の発送以外の目的で使うことはありません。
* 弊社 WEB サイトからもご意見、ご感想の書き込みが可能です。

明日香出版社ホームページ　https://www.asuka-g.co.jp

ご愛読ありがとうございます。
今後の参考にさせていただきますので、ぜひご意見をお聞かせください。

本書の
タイトル

年齢： 歳	性別：男・女	ご職業：	月頃購入

● 何でこの本のことを知りましたか？
① 書店 ② コンビニ ③ WEB ④ 新聞広告 ⑤ その他
(具体的には →)

● どこでこの本を購入しましたか？
① 書店 ② ネット ③ コンビニ ④ その他
(具体的なお店 →)

● 感想をお聞かせください
① 価格 高い・ふつう・安い
② 著者 悪い・ふつう・良い
③ レイアウト 悪い・ふつう・良い
④ タイトル 悪い・ふつう・良い
⑤ カバー 悪い・ふつう・良い
⑥ 総評 悪い・ふつう・良い

● 購入の決め手は何ですか？

● 実際に読んでみていかがでしたか？（良いところ、不満な点）

● その他（解決したい悩み、出版してほしいテーマ、ご意見など）

● ご意見、ご感想を弊社ホームページなどで紹介しても良いですか？
① 名前を出してほしい ② イニシャルなら良い ③ 出さないでほしい

ご協力ありがとうございました。

てものはないのです。なぜなら、先生方一人一人の物事の捉え方や考え方も違いますし、何をもって良しとするのかとの価値観が違うわけですから、一緒に語り合うことなどできるはずもありません。要は自身の思いの丈に向かって邁進し、それが具現化できたとしたら、それで人生ハッピーなのではないでしょうか。

話が飛んでしまいましたが、これに加えてMEOやSEO対策によって来院された患者は、正直なところ、どんな素性の方なのかも分かりません。ひょっとしたら、今まで通っていた院と問題を起こして相手にされないような面倒な患者なのかもしれませんし、カスタマーハラスメントの常習者で度重なるクレームとか過激な言動などで、問題を起こした患者なのかもしれませんよね。そうした悪質な患者から自院を守るためにも、**まずは紹介を第一に考えた運営策を講じていくべき**です。基本的には患者からの紹介がない方は受け付けませんというような、いささか生意気な物言いに映るかもしれませんが、リスクマネジメントの観点からしても、こうしたスタンスを取っていくのが大事ではないかと思っています。

4

もう一つのリスク‥個人情報保護法とその取扱い

個人情報保護法というと、取扱いがとても厄介な法律です。実際にこの法律の違反行為に及ぶと、個人として1年以下の懲役または100万円以下の罰金も科せられるような重い罪です。よって、取扱いには慎重に臨む態勢を取っている企業や個人事業主が多いのではないでしょうか。

ただ、個人情報と一言で言っても、氏名・性別・生年月日・住所・住所コード・携帯電話番号・勤務場所に家族構成など多岐にわたり、現代の日本社会ではこの程度のデータは、多くの業者はすでに入手しています。例えば、私が個人として所有する名古屋市内や神戸市内の不動産を売却する予定はないかとの問い合わせなど、毎月のように自宅にまで送られてきますし、株式信託や債券への投資案件についての勧誘も、ありとあらゆる手段を通じ調べ上げており、しつこいくらいにアプローチしてきます。

ありがたいことに当社は海外企業との取引において外国通貨を購入せざるを得ませんから、為替予約契約で外為相場取引を続けています。それに自分ではコントロールが不可能な他社へ投資をするくらいならば、そこに費やすエネルギーを自らの会社へ注いだ方が良いに決まっています。また、個人としても運用利益が非課税分となるNISAの適用金額枠内にて、ボケの防止策の一環と併せて経済の動向を勉強していく程度の金額に抑えています。

さらに、パソコンやスマホでちょっとでも検索しようものなら、すぐさま「ターゲティング広告」とか「パーソナライズド広告」と呼ばれる機能で追跡されてしまいます。プロフェッショナルである業者は、大方の個人情報を法務局の登記簿謄本などを入手し把握していますので、率直に言って今や有名事実化しているといっても大袈裟ではありません。

さて、この個人情報保護法はダイレクトメールの発送などの運用についても、法的根拠に基づいて正式に認められているのですが、こうして得た知見を先生方は有効的に活用していないのが現状ではないでしょうか。実際、改めて個人情報保護法の条文を読んでみましたが、「個人情報の適切かつ効果的な活用が新たな産業の創出並びに活力ある経済社会及び豊かな国民生活の実現に資するものである」とありました。加えて、利用目的をホームページ上で公表すれば個人情報を使用しても良いとの解釈もあって、多くの企業が活用しているのです。

今さらここに述べるまでもなく、接骨院において多くの場合は健康保険証を最初の来院時に持参していただけるわけで、これは個人情報の宝庫といっても過言ではありません。前述した個人情報に該当するデータが網羅されているわけですし、ローカルビジネスの典型的なモデルである接骨院経営では、どこの地区に住んでいるとか勤務する企業によって、ほぼ患者の収入すら把握できる環境にあるのですから、およその可処分所得すら包括的に読み込むことさえできてしまいます。

もとより第三者への意図的な情報漏洩とか譲渡といった悪用は許されるものではありませんが、1000人以上の個人情報を取扱うにはファイル簿の公表が義務付けられている点などを踏まえますと、一般的な接骨院業務で該当するような1000人以下の情報の取扱いについては、比較的緩やかな対応となっています。音声や個人を識別できる録音情報は許されませんが、個人を特定されることができなければ、つまりは個人情報に該当しないとなりますので、この点は大いに活用すべきです。

本著で伝えてきたのは**患者からの「口コミ」に勝る営業ツールはない**ということなのですが、ほとんどの先生方はこれに気付いておられません。当社の営業スタッフにも存在するので、あまり大口は叩けませんが、業務を通じて誰かと会い、具体的なアポイントメントが取れていた場合に、事前に相手の情報を入手しておくのは当然です。そもそも営業の仕事は顧客に対する役立つ提案をすることですから、情報を得るための活動、すなわちフェイスブックの友達申請やLINEのアドレス交換などのアクションを即刻起こさないのは、怠業のそしりを受けても致し方ないことです。

セミリタイヤした今、そこまでの動きはなくなりましたが、かつて私は会った方の全てにハガキや手紙でお便りを、またインターネットの時代に入ってからはメールでと、必ずといってよいほど御礼状を出していました。むしろ会ってもそのまま放置しておく行為こそ失礼極まりないと感じていましたが、今やこうしてSNSのご時世となったわけですから、余計に患者の属性が簡便に理解できる良き時代だとも思っています。くどいようですが、それらの生きた情報を単に傍観しているのではなく、**せっかく獲得した材料をもっと有効活用すべく実際に行動に移していきましょう。**

いずれにしても、こうして全ての新たな患者のデータを分析して自院の集患に活かす動きを取っていけば、どの患者がこの先々コアな患者になっていただけるのかも、大筋で掴めてくるものです。

5

デジタルツールを活用した患者管理とコミュニケーション

個人院の安定的運営は、患者が１００人を保てば充分に維持していけるものです。以前出版した書籍では99人の二桁の患者で院経営はできると述べましたが、この点に関しては30年経っても同じ考えです。その人数の患者をどうやってコントロールしていくか、このマネジメントによって事業運営の明暗が分かれます。

ところで、人材育成の世界では、どの組織においても2割が優秀、6割が普通、そして残り2割が低い貢献度といった**「2：6：2の法則」**というものがあります。これは「2：8の法則」から派生したものですが、接骨院を取り巻く経営環境においても、この法則の事象が当てはまると思っています。すなわち、上位2割の言わばパフォーマンスが良く、自院への貢献度の高い患者を軸とした経営を成り立たせていくのです。

例えば、2割20人のパフォーマンスの良いハイエンドの患者にとって、自分の身体をケアし、保持するために費やす金額は月間2万円とします。20人×2万円で月間の売上は40万円、このコアな患者を経営の柱としていくのですが、そんな月間2万円も自身の身体ケアにお金を払う人間などそうそういないだろうとの反論を受けるかもしれませんが、決してそんな事はありません。衣服など他の買い物を控えたとしても、自身の健康を維持したい、少しでも不調があれば早めに整えておきたいという人は、この円安による厳しいインフレ経済下にあっても減少しておりませんし、かえって自らの身体に投資している人は増えているとも実感しています。

また、前述では「体」ではなく「身体」と記しました。決して字を誤ったわけではありません。単純に体だけの問題でなく、様々なストレスに満ち溢れた社会で生活する上でのオアシスとして先生方の院に定期的に来院させるようなスタイルにすべきです。実際に、昨今はストレッチなどの運動療法も含めた包括的なサービスを提供している院が人気を博す傾向にあります。

それに月間2万円といっても週に換算すれば5000円の事ですし、保険を用いない鍼灸とか整体の価格体制、そしてリラクゼーション施設が市民権を得ている現状にあって、この金額は受け入れていただける範疇にあると思います。かつて、私が書籍をしたためた折は、患者に包帯を巻く事で30円頂戴しようかそれとも50円にしようかと逡巡していた時代でしたから、実費請求の話をすると先生方からけんもほろろに跳ね返されたものです。しかし、今では特別施術などで保険を利用しなくてもじっくりと納得のいく施術をしてもらおうとする患者サイドからの機運の高まりも、この業務を取り巻く上で強い追い風になっているものとの認識でいます。

次に、平均的に貢献してくれる6割の患者ですが、こちらは保険を活用した患者で、時間帯や季節要因を含めた定期的に来院されるパフォーマンスも標準的な方たちです。かといって施術内容や結果次第では将来的にハイエンド予備軍として繋ぎ留められる患者層でもありますから、決して疎かにしてはいけませんし、このランクの患者が新規患者を呼び込むネットワークともなります。反対に対応が悪ければ、下位患者グループの貢献度の低い2割レベルにランクダウンする可能性もあるわけですから、気を付けなくてはいけません。

いかなる業務においても**取引する顧客の属性を把握する事は重要な要素**です。どこも顧客の細やかな情報を入手するために、メンバー制とかポイントを付与させながら、顧客の属性を懸命に探ろうとしているのです。接骨院運営に際しては、ほとんどの患者が当初から保険証を持参して来院されるのに、住所・氏名はもちろんのこと、どこに勤務しているのかも含めた顧客であるところの患者の詳細な個人情報を活かしきれていない院が多いと常々感じておりました。

マネジメントの世界ではそうした顧客情報を綿密に分析し、次なる販売に繋げる努力を講じているわけですが、残念ながら接骨院の先生方は多くの貴重なデータを保有しながらもそれらを活かしきっていないのが実情です。そのデータをやれデジタル化とかDX（デジタルトランスフォーメーション）化せよというものでなく、こうした100人程度の顧客情報ならば先生自身でノートやそれこそ患者のカルテに鉛筆書きするなどして蓄積していけば良いのです。

業務効率化を進める上でデジタル化の波は抗うことができません。超がつくほどアナログ人間の私にとっては非常に住みにくい社会になったと実感しています。昨今は顧客管理もできるクラウドコンピューティングサービスの企業がもてはやされ、それなりの実績を上げているようです。しかしながら、そうした顧客管理をコンピューターに依存するほど患者が必要な事業ですかと問いたいものです。

そこで私の推奨するアイデアは3か月毎の患者来院リストを作って4分割する。3か月を一つの区切りとした調子伺いをスマホのＬＩＮＥとかショートメールで発信することにより患者の来院を誘う。たったこれだけの事で随分と変わってくるものです。現実問題として、歯科医院の定期検診と同じように繋ぎ止めていく手法はデジタル化戦術ではなく、アナログ化させた方が血の通った味わい深いものになると思います。そして、こうしたデジタルの社会環境だからこそ**逆張りのアナログマーケティング**へ注力させる、これこそ個人的な小さな組織が生き残るための知恵ではないかと信じて疑いません。

従って、新規患者への対応に関しては自分の言葉遣いが問題なかったのかとチェックする上でも、またトラブルが発生した折には証拠とするためにも会話を録音しておくなどの対策をとっておいてはどうでしょうか。更に、昨今はセクシャルハラスメント対策の一環として、施術室内カーテンの高さを調整する院が増えてきています。院内にカメラを設置し録画撮影してしまうのは別の問題もはらんでおり、かえって余計な憶測を呼んでしまいますけれど、音声の録音については自院を守るだけのものではなく、患者への説明は丁寧かつ適切だったのかといった施術者としてのスキルを磨き上げ、患者とのスムーズなコミュニケーションを取る上でも大切だと思います。いずれにしても、せめて初来院の患者へは有効となるのではないでしょうか。

なぜなら、ここで有効だと申し上げるのは、こうしたMEO、SEO対策よりも、**患者の属性を知り得るカウンセリングの中身を重要視**しておいた方が、今後の施術計画を立てていく上においても役立つ有効なデータとなり得るからです。多数の院を束ねるような経営者の立場であるならば別として、まずは患者の属性を分析して施術方針に活かしていくことが最優先ではないでしょうか。

そもそも保険証という多くの情報が詰まったものを最初に持参してくれているにも関わらず、先生方は上手く業務に活かしきっていないのではというのが、この業界に長年にわたり携わってきた私個人の偽らざる心境でもあります。

6 デジタルとアナログのバランス：統合的アプローチ

　こんなインターネットの時代の最中にあっても、創意工夫によってアナログでも生きていける良き時代だと感じています。実際、私などは超が付くほどアナログ人間ですが、このような自身の個性を活かして、コミュニケーションを取ることを得意としています。

　例えば、お礼状や挨拶状はわざわざ毛筆でしたためて出すのですが、あまりの字の上手さに驚いて即刻「達筆ですね」と返信をいただいたり、その次に会う折などには必ずといって良いほど話題に上ります。字が上手いと記しましたが、これは実際には私が自分で書いているわけではありません。当社に長年勤務し私の秘書役も兼ねているスタッフである齋藤に代筆してもらっているのですけれど、彼女は日本最大の総合美術展覧会の日展の書部門で幾度も入選しているくらいの言わばその道のプロフェッショナルですから、したためたその字を見たらほとんどの方がこれは岩田さんが書いた字なのかと驚愕されます。このように今でも営業スタッフの端くれとして、最初に強い印象を持ってもらえるように腐心しています。

また、当社の名刺は名前だけが一際大きく浮き上がって見やすいスタイルなのですが、これも「アイキャッチ」というか会う人への注意を惹くための手立ての一つです。近々この名刺につきましては大幅な変更を加えるよう準備を進めていますので、是非ご期待いただきたいと思っております。

このように、インターネットの時代だからといって**現代の風潮に流されるまま安易に変える必要のないものもありますし、それを逆手にとって武器に代用できるものもある**というのが、私の考えなのですけれど、もとよりこれは字が下手な人間が編み出した単なる手法です。

ところで、次にここでどうしても記しておかねばいけないと思っているのは「思いの丈」の話です。この思いの丈というのは、かつて初めて明日香出版社の門を叩いて自費出版したいと相談に出向いた際に、担当していただいた阿部氏という編集者から

「文章なんて下手くそでも、ボキャブラリーに乏しくてもどうでもよいから、自分自身の思いの丈のみを精一杯ぶつけてください」との言葉に大いに救われました。当然の事ながら、素人の進める事ですから本を出版しようにも全く雲を掴むような話だったのですが、兎にも角にもそれからは後先考えずに400字詰め原稿用紙や、三行ずつ印刷されるので『三行革命』との名前がついた、当時ワードプロセッサーと呼ばれた機器を稼働し続けました。どこで改行するかも気にせず、句読点だけ適当につける、言わばただの走り書きに近いものですが、このアドバイスのお陰もあって中途半端に緊張することもなく、それからはただひたすらに机に向かう時間が取れました。

その甲斐もあってか、今では半日もあれば2000〜3000字、一日費やせば優に5000字ならば何も苦にする事なくパソコンに打ち込む事ができるようになりました。実際、社内スタッフ達に向けた日々のメッセージについても15分もあれば、400字程度の文章を難なく入力できるようにもなりました。

つい先日もこの書籍の原稿の1万1500字、書籍のページ数にするとおおよそ38ページ分もの原稿のバックアップを取っていなかったこともあって、全て消失させてしまうミスをしてしまいました。誰を責めるまでも無く自分で蒔いた種でもあり再度やり直しに掛かりましたが、当初想定したより時間を要しませんでした。

何を申したいのかというと、誤字脱字とか推敲といったことはプロに任せて自分の主張したい事をすべて吐き出せばよいと言われた事で、本当に胸のつかえがなくなったのです。こんなまとまりのない文章とも呼べないような代物を書籍化してしまうわけですから、さすがにプロは違うなと感心した次第ですが、併せて自分が好きなことはストレスにならないのだなとつくづく感じました。

ちなみに、どうして明日香出版社を訪ねたかといいますと、創業者である石野誠一氏の書籍を貪り読んでいる時代があったからなのです。『自分の会社を持つなら有限会社にしなさい』、『11人までの小さな会社の社長業』など、小さな組織運営の実践者として氏の書籍は私のまさしく経営のバイブル書でもありました。そんな縁でもって一度会って欲しい旨の手紙をしたためたのですが、若かったのもあり随分と無謀な真似をしたと思いますし、相対した明日香出版社の関係者も驚かれたと存じます。

なお、私は今でも、「営々黙々 花が咲いても 咲かぬでも」とのコメントを多用しますが、この素敵な言葉は当時の明日香出版社社長の石野氏から借用したものでもあります。いずれにしても、思いの丈は**自分の好きな事に向かって遮二無二努力する姿**

勢にも繋がりますし、こうした考え方を大切にさえしていれば、いつまでも諦めることもありません。そうこうしている間にやがて思いは叶っていくものだと齢70にして何だか理解できるようになりました。

一寸一服
3

一人施術家の心構え

さて、「一寸一服」コーナー最後は、柔道整復師・鍼灸師といった一人施術家が独自運営していく上での心構えとか意識をどう保ったらよいのかという問いにお答えしたいと思います。

たった一人で事業を好きなように運営する、誰かに気兼ねするわけでもなく、のんびりと自由気ままに生きていく、本当に羨ましい限りの話ですよね。しかし、こうした先生方ほど経営的に行き詰まってしまう、それも早期に破綻する傾向にあるのではないかとの経験則を有しています。金融機関からの借入金の返済が迫っているのでもなく、手持ち資金が潤沢であっても事業活動として成立しなければ、いくら個人的な事業でもやがては瓦解するものです。

このような先生方に限って商売なんて二の次、自分と家族が食べていけさえすればそれで十分だとおっしゃる方が多いのですが、こうした考え方を持つのは極めて危険だといえます。

一般的に企業体は自分達の使命とか存在意義といった基本的な価値観を示す経営理念と共に、この理念に基づいた具体的な事業目標を意味するビジョンを掲げて事業運営に取り組んでいます。

当社サンメディカルでいうところの医療機器を通じて人々を痛みから解放し、自らも他の人達の痛みを理解出来るようになろうとの経営理念、そしてその理念に基づく具体的な事業数値目標を掲げて日々邁進していきます。そのように活動していく上での道標によって企業の活動方針がより明確になって、管理職のみならず一般社員達にも考え方が浸透します。すると全社が同じ方向を見て働いていけるわけで、組織強化に繋がるものだとされています。ただ一人きりで運営していくのだから、経営理念やビジョンなんて不要だと言われる方も中にはおられます。

しかし、私は自分一人で運営していくからこそ絶対に具備しなくてはならないものではないかとこの年齢となって確信しています。若い時から何かにつけてずぼらな人間だった私は、創業から約3年間ほど一人でのんびりと食べていく為にだけ、いわば糊口を凌いでいくという平々凡々な生活をおくっていました。時間的にもルーズでしたし、要は自分自身を律することの出来ないダメ人間だったのですが、一人のパート従業員さんを雇い入れた時期から生活スタイルは一変しました。

その方は一回り以上も年齢が離れた女性だったのですが、ことある毎に諸々の所作を強く叱責されまして、自分でいうのも何ですがその頃から人間として成長したと感じています。何しろ、パートさんの方が早い時間に事務所に到着しているのですから経営者である私が遅刻など出来ません。

そのような時期から経営に関する書籍も読み始めたり、中小企業経営者たちとの勉強会にも積極的に参加するようになりました。そこから理念やビジョンを掲げる事は自身のモチベーションを鼓舞し続ける為に最も大切だと気づかされたのです。

ところで、現在メジャーリーグベースボールで大活躍する大谷翔平選手とは、彼が2018年10月に右肘じん帯の手術を受ける丁度1ケ月前の9月上旬に二人の整形外科医たちと会う折に同席しました。この著名な日本人整形外科医達からセカンドオピニオン、サードオピニオンを下された診断結果はいずれも手術は必要ないというもので、保存療法で対処できるのでサンメディカルの機器を用いてはとの進言も頂戴した次第です。この折には色々なプランを説明して頂きながら、結局は本人自身が手術を受けると決めたのですが、その判断の決め手になったポイントは彼の所有する「人生設計ノート」にありました。最終的に手術を選択する事によって自身の最高のパフォーマンスを発揮できるのならば挑戦してみる、またそれに足りるだけの時間はあると目標シート上で大谷選手なりの計算が働いたのだと今になって感じています。

使い古されたコメントではありますが、やはり人生は目標設定なんだと痛感しています。何もこの年齢になって今更なんて臆する事はまったくありません、やってみようと感じたならばチャレンジすればよいのです。

とある老人施設が90歳以上の方にアンケートした結果で、今になって何を悔いているかとの質問の中で一番多かったのは、もっと冒険しておくべきだったとの回答だったそうです。思いは口に出してみる、そして書きだしてみる事でより具体化するものです。確かに誰もが大谷翔平選手になれるものではありませんが、常に思いはしたためておく習慣を作る、習慣は意識をする事から始まり、行動に移す。それによって良い習慣が継続されるものなのです。俗に人間には108つに及ぶ煩悩が潜んでいるといわれます。私も齢70になりますが、108つとはいかないまでも、確かにまだまだやりたいことが山積しています。

いずれにしても、年齢には関係なくお互いいつまで経っても正しい欲をもって邁進していきたいものです。

第4章

時代に左右されない経営マインドを養う

1

スタッフと共に成長する経営者の心構え

本項では接骨院を運営する経営者として最低限具備すべき点について記していきます。ところで、この書籍が完成する頃、私は70歳の長寿を祝う古稀を迎えます。この言葉の由来は唐代の詩人である杜甫が詠んだ詩の「人生七十古来稀なり」からだそうです。かつての人々にとって、70歳まで生きることはまさに稀有な出来事だったのでしょう。

私の両親も現在の私の年齢までには他界しましたが、どんなに医療技術が進歩したところで、死だけは不可避であり、全ての人間に平等に訪れる事象です。本書を手に取っておられる若い柔道整復師の方々にとって、死の話はあまり実感が湧かないかもしれません。私自身も若い頃は自分の死について思い浮かべたことなど全くありませ

んでした。しかし、前述のように肉親をはじめ多くの諸先輩方が鬼籍に入る現実を突きつけられるようになってから、自分自身の生き方とか人生の終活、締めくくり方についで考えるようになりました。一度きりの限られた人生の中で自分は何をしたいのか、その為に何をすべきなのかといった、これまで分かっているつもりでいた事柄に改めて向き合うこととなり、自分の人生の目標を見つめ直してみました。

創業当時の若い頃に掲げた108項目にも及ぶ目標と言えば、ドイツ製の高級車に乗りたいとか、名古屋市内に一戸建ての住宅を建てたいとか、あれが欲しいこれが欲しいと仏教の教義でいうところの煩悩のまま自身の欲望にまみれたものばかりでした。勿論、そのような考え方が駄目だと否定するものではありません。実際、そのような夢を叶える為に邁進することが、モチベーションの源になったのも間違いないと思います。

そこで50歳を前に目標達成ノートを作り直してみました。これはメジャーリーガーとして活躍する大谷翔平選手が使っていた目標達成シート（マンダラチャート）と似たようなもので、私自身もこのチャート図を活用したフレームワークの作成に着手しました。よく言われることなのですが、この時改めて**人生は目標設定が重要**だなと思い知らされました。作成の準備をしている間に次々とビジョンが明確になってきて、具体的な行動計画へとつながっていったのです。

これを機にこれから先の人生は自分自身の欲のみを追求するのではなく、ご縁を頂いた方へ恩返しをしていく、いわば残された人生の使命を再確認できたのです。不思議なことにそれまで何となく漠然としていたものが、計画を立てることで行動に移せるようになりました。そうして次にアクションに繋がったのは、それらをより具現化させるべく、社長職を私より能力の高いプロパー社員に託し、自分のやりたいことを模索し始め、その一環として早稲田大学の大学院にも入学したことです。当時、すでに還暦を迎える年齢になっていましたので家族をはじめ周囲も驚いていましたが、親子ほども年齢の違う学友達と一緒に学び合えたのは、私の生涯においてかけがえのない宝物になっています。わずかな研究費を捻出するのに莫大な労力を費やしている若い研究者の皆さんと身近に接するうちに、微力ながらお手伝いできるのではないかとも感じ、そのことを自身の研究テーマとしました。

事業拡大に腐心するよりも身の丈に合った成長軌道に頭を切り替えてからは、**自分自身のみならず一緒に働くスタッフも幸せに**なってきたのではと感じています。どんなに声高に叫んだところで、個々の人間の目指すワークライフバランスは十人十色なのですから、単に押し付けても良い結果など生まれるはずもありません。この辺りの事業経営についてさらに勉強したい場合、前回の書籍の出版でお世話になった明日香出版社の創業者である石野誠一氏の『社員・パートさん11人までの小さな会社の社長業』などの著書をおすすめします。恐縮ですが、石野氏の書籍はどれもがスケールの大きな話ではありません。しかし、接骨院の院長として、そして小さな会社の経営者である社長業の基本的な心得や実践手法を学ぶことができます。時代がどれだけ大きく変わろうとも、**経営者の最たる使命は変化に対応しつつ、組織を健全に運営維持していく**役割と共に、時代に左右されない価値観の軸足を保つことも重要なのではないでしょうか。いずれにしても、「I had a wonderful life!」（素晴らしい人生だった！）という言葉で、一度きりしかない人生を締めくくりたいと思う今日この頃です。

2

長期的視野を持つ経営マインド

真の経営者は、目先の数字だけでなく、長期的な安定性を重視する心構えが必要です。この観点から、財務諸表の見方にも経営者としての姿勢が反映されます。経営者である限りは試算表の中身を知っておかなくてはなりません。その中でも売上高経常利益率、損益分岐点比率、生産性、変動費比率に限界利益率といったPL（損益計算書：Profit and Loss statement）から導き出される指標よりも**BS（貸借対照表：Balance Sheet）に重点を置いた経営**をしていただきたいと思っています。これはなぜかというと、物品販売の比率が高く、本業以外に別事業を営んでいるならば別ですが、接骨院の経営においてはおおよそ、その数値はあらかじめ判明しているからです。

私自身は経理の専門家ではありませんが、この40年以上にわたり経営の舵取りをするにあたって、小さな組織における円滑な事業の運営に欠かせないのは、損益計算書よりも貸借対照表から読み取れる借入金依存度とか自己資本比率、そして現預金比率といった指標だと確信しています。もちろん、天下を獲る勢いでもってこの仕事に臨まれている方もいるでしょうから、損益計算書の方が大事だと指摘する方もおられるでしょうが、そもそもこの接骨院業界においてユニコーン企業の台頭なんて率直に言って望むべくもありません。そうだとしたならば大きな成長を目指すよりは、**絶対に経営が破綻しない組織をつくることに注力すべき**ではないでしょうか。

私自身も、創業から間もない頃は売上高ばかりに目がいって追いかけていました。しかし、貸借対照表に軸足を置いた経営にシフトしてからは、会社の基盤は格段に強くなってまいりました。現在では前述の借入金依存度、自己資本比率、現預金比率は当初の目標数値としていた33％を全てクリア、中でも自己資本比率においては70％を超えるまでに達して、実質的に無借金経営を維持できています。これは決して自慢話を申しているのではなく、せっかく当社を信用して機器を導入していただいたにもかかわらず、当社が経営破綻することによってメンテナンスなどサポートが困難となるような事態は絶対に避けなくてはならないと考えてきたからです。

このように何とも偉そうな話をしておりますが、これらの事柄は明日香出版社・石野誠一氏からの受け売り話がほとんどです。そして、個人としての「生業としての経営」とか「小規模事業としての会社経営」というものと「企業としての会社経営」を一緒に捉えてはいけないとの教示は今も私の経営者としてのバックボーンとなっています。

3 リスク回避と持続可能な経営の実現

経営にはリスクがつきものですが、それを恐れるのではなく、冷静に分析し対処する心構えが求められます。特に小さな組織は成長よりも決して破綻させないことを前提に事業運営をしていくべきだと先ほど述べました。挫折の経験は大切ではありますが、欧米諸国と違って日本においての再チャレンジへの道はまだまだ狭いものです。

金融機関からの融資一つとっても、〝敗者復活〟は非常に厳しいものだといっても過言ではありません。私自身は自己破産や、いわゆるブラックリストに載ったわけではありませんが、実家廃業の経緯もあってか組織立ち上げ時には非常に悔しい思いをしました。

そのような意味からも柔道整復師として、より高い施術技術を身につけていく努力は当然ではありますが、経営に携わる者として最低限のスキルを備え、破綻だけは回避すべくリスクヘッジしなくてはならないと感じているのです。その第一の前提として決算書を読めるようにしておきたいものですが、必ずしも経理や税務の勉強を改めてしてくださいというわけではありません。私自身も全く不得手な分野ですが、大切な数字を掴んでおくことは経営判断を間違いないものにさせます。

ところで前述しました通り、損益計算書だけに重点を置いた経営の舵取りをしていると、小さな組織ではお金は残りません。

仕事には経営者を含めた数人程度の生業と呼ばれるものと、従業員が10～50人までの小事業そしてそれ以上の企業とに3分類されるものでして、それぞれにおいて舵取り方法は大きく異なります。私も社長として現役時代は、パナソニックホールディングスの松下幸之助氏や京セラの稲盛和夫氏など一代で巨大な組織を築き上げた創業者の書籍を熟読し、直接、講演会を聴きに出かけたことが何度もありました。実際、経営の参考になった箇所もありましたが、その多くはスケールが違いすぎて実践的に役立つ面はあまりありませんでした。結局、松下幸之助氏の「ダム経営」とか稲盛和夫氏の「アメーバ経営」といった手法も、その**経営者としての基本となる資質とか優秀**

な人材が備わっていなければうまくいきません。小さな組織が上っ面だけ大手企業の真似をしたところで意味はないのです。大企業においては損益計算書に重きを置かねばならないとも思いますが、従業員規模が50人までの組織においては財務の安定性とか経営上の課題、そして経営リスクを知る上で重要な役割を果たす、この貸借対照表の指標がより貴重だと考えます。

そもそも、接骨院の経営に携わるほとんどの方々は、自院をそんな巨大な組織に成長拡大させようなんて考えてもおられないのではないでしょうか。そうだとしたならば、貸借対照表に軸足を置き、たとえ天変地異などのような事態に陥ろうとも絶対に破綻しない経営を目指すべきではないでしょうか。弱気な発言に聞こえるかもしれませんが、現実問題として倒産の憂き目に遭うというのは大変なことなのです。

私の実家は祖父の代から和食店を経営しておりました。別業態など数店の支店を出す程度の規模にはなっていたのですが、父親が経営を受け継いだ際、失敗してしまいました。わずかばかりの不動産を所有していましたので、それを売却整理して取引する業者の方々には迷惑が掛からぬ状況にて店じまいすることができたのですが、それでも莫大なエネルギーを費やしました。いくら〝ノー天気〟な私でもさすがにこの時期は心身共に疲れ果ててしまいました。この時の体験が今でもトラウマとなって、いざという時に大きな勝負ができない、いわば経営者としての致命傷ともなっているのだと自覚しています。しかし、今に至ってつらつら考えてみますと、そうした小心者だからこそ経営が破綻しなかったのだとも思っています。

話が脱線しましたが、かように貸借対照表を基軸にシンプルな事業運営に切り替えてから、私の経営する会社はようやくお金がたまるようになりました。もちろん、ビジネスは投下資本の回転にあるわけですから、積極的な設備投資は絶対に不可欠です。日々の動きに一喜一憂することなく、貸借対照表に基づき毎月の勘定科目がどう変化しているかを冷静に観察できるようになると、そのような投資の際にも「これは無理だな」とか、「これなら達成不可能なものではないな」と、的確な判断ができるようになるのです。あえて厳しい物言いをすると、どんなに一生懸命に頑張っていますとしたところで、**期末にキャッシュが残らない経営はやはり「悪」**なのです。

4

経営者としてのあり方とは

長期的な成功を求めるなら、単なる売上ではなく、質の高いサービスを提供する姿勢を持ち続けること以外に道はありません。この質重視のマインドを持ちつつ、サービスの質と収益性のバランスを適切に評価する売上総利益（粗利）を基準にした経営を推進してください。貸借対照表を軸とした経営に着手するためには、具体的に何に取り組むべきでしょうか。まずは**損益計算書の明細の中のパーセンテージを全て売上総利益による基準へと変更**させてください。そして、人件費や賃借料そして広告宣伝費など自院を運営するにあたって必要な費用を割り出すのです。一般的な損益計算書では各個別の科目明細が売上との比率になっているからです。税理士や経理担当者にとってはこれで正しいのかもしれませんが、コストを勘案して配分する上での基本は

すべからく売上総利益、すなわち粗利にあたるため、従来の方法では経営者による正確な経営判断に支障をきたしてしまいます。そのため、全ての明細指標値を売上総利益ベースに切り替えるのです。素人が一体何を話しているのかと、こうした点にピンとこない税理士も存在しましたが、もしそのことを履行してくれないならば、速やかに顧問税理士を代えるべきでしょう。余談ですが、私はこれまで5人の税理士と顧問契約を交わしてきました。顧問税理士は代えない方が良いとの経営者仲間も多く、実際に親の代から引き受けてくれているとの話をよく聞きますが、私はそうは考えません。確かに顧問税理士との相性の問題もあるでしょうが、それよりも最初から説明し直すのが面倒だとか、税務調査時に不利に働くというのが一番の理由だと感じています。長い間の関係性とまでは言いませんが、「良いわ、良いわ」となって次第に両者の緊張感が薄れてくるのです。より良い組織にさせる為の税務顧問との契約が、これでは本末転倒ではないかと思うのです。そのような観点でもって、**お互い緊張感を保ちながら良い関係を構築**する上でも当初から7～8年程度の契約期間を決めて臨むのも一考ではないでしょうか。なお、接骨院の経営は特に物品販売の比率が高くなければ、ほぼ全額粗利といった労働集約産業の典型ですから大きな誤差はないので、この点を押さえておけば大きな失敗は回避できます。

近年はいかなる業界にもデジタル化のうねりが押し寄せています。デジタル変革またはデジタルトランスフォーメーション（ＤＸ）と称したデジタルテクノロジーはビジネスの在り方を根源から変えてしまいました。このトレンドに乗り遅れては熾烈な国際競争に勝てないとばかりに官民一体となって盛んに推進し、補助金・助成金などを活用してデジタル化を急速に進めています。

日本社会があらゆる分野で優位に立てず、競争力を保てずに「失われた30年」と呼ばれたのは周知の通りですが、このような状況下でも小企業は大企業と同じことをしていてはいけません。

最近、私の関わる会社でこんな事例がありました。２０２４年10月１日からの郵便料金の値上げに際し、これを機会に紙の請求からＷＥＢ化に変更しようと提案がありましたが、時期尚早であると一蹴しました。

確かにインボイス制度や電子帳簿保存法の導入により煩わしさが増え、経理部門スタッフの負担が大きくなっているのを承知しているだけに、データベース化させ、よりスピーディに処理しなくてはならない状況になってきているのも事実であります。

しかし、肝心の顧客サイドが現状のシステムに対応できるだけの環境にあるかというのは別問題で、法的には多少問題があろうとも恐らくほとんどの取引先においては別途プリントアウトし、保管させておくというのが実情でしょう。さらに、紙媒体による請求書送付だと郵便代の他にも封筒代とか宛名の印刷代など追加コストも発生します。これらの準備に携わる自社スタッフの工数も費用に含まれます。

しかし、相手の立場に則って臨むというのがビジネスの基本であるならば、単に**コスト面だけで推し量ってはいけない**のです。このような事情こそ大手企業が気が付かないところで、小企業はこうしたアナログの対応力でしか勝てないわけです。したがってこのような細やかな点を疎かにしてはいけないと考えます。

また、社内の給与明細についてもWEB化し、給与支給明細書が必要なら自らプリントアウトさせたらという提案もありましたが、これも即座に却下しました。確かに、絶対にミスを発生させないよう何度も金額を照らし合わせ、糊付けの確認から事業所への発送など毎月神経質に対処しなければならない業務であり、ルーチンワークだけにWEB化した方が簡便にできるのは間違いありません。しかし、給料や賞与明細を開封する時の一瞬の緊張感は特に営業に関わるスタッフにとっては成長を促す重要な局面なのです。事前にメールで伝えていたことがこの件だったのだと、メッセージの意図を理解できる場でもあるのですから、単に効率だけで済ませられるものではありません。

以前、私は長期の休暇明けや給与の支給日にはどのような状況でも休むなと厳命していました。現代の世の中でそんな話をしたら即刻パワハラで訴えられても仕方がないでしょう。ただ、物事の道理を示すのも経営者の大事な役目であると信じて疑いません。これがどうしても納得できない、腑に落ちないとしたら、すぐに会社を辞めればよいだけです。

このような話をするとまるで強権的なワンマン経営者だと批判されるかもしれません。大企業ではそうもいきませんが、全てにわたって経営者が責任を持たねばならない小さな会社は経営者自身がやりたいことを体現する場でよいと考えています。これまた語弊を招くコメントになりますけれど、私が接骨院の現場を訪問していた頃は、強烈な個性と感情豊かで魅力溢れる柔道整復師の方が数多くいらっしゃいました。徒弟制度の色合いが残る代表的な職業であり、弟子への態度も非常に厳しく、第三者が近くにいても容赦ない叱責をしていましたが、それと同時に一刻も早く一人前の柔道整復師にして独り立ちさせようという深い愛情と強い使命感を感じたものです。徒弟制度の弊害があるのも事実ですので一概には申せませんが、時代を問わず、いわば覚悟を持って柔道整復師の業務に臨んでおられる方が少なくなってきたのではと一抹の寂しさを覚えているのは私だけではないと考えております。

5 経営者としての責任と長期的視野の必要性

ここでお金との関わりについて述べてみたいと思います。私のような高齢者がお金に固執するのは晩節を汚す恥ずべき話ですが、若い時分にはお金を稼ぐことに対してより貪欲になるのは、モチベーションに繋がるのですから常に具体的に数字を意識した方が良いのではないでしょうか。四字熟語に**「三平二満《さんぺいじまん》」**というものがあります。「三」も「二」も共に数の少ないことを示し、現状は十分ではないけれど少ないもので満足しなさいという、「足るを知る」大切さを説くもので、まさに現代人が失いつつある考え方です。ただ、若い方たちが事業の創業期に口にする言葉ではないとも思っています。特に、個人事業主として自らを鼓舞するのは、自分自身で計画・立案した数値でしかないわけですから、具体的な金額を示さなければ説得力も伴いません。そのた

め、がむしゃらに働いて稼ごうという心意気は何ら恥じるものでもありません。

しかし、単にお金に執着するばかりの人生では心豊かな人生を送れないことも、人生経験上わかってきました。結局のところ、**お金だけを追い回さない振る舞いが、幸運をたぐり寄せる**秘訣なのではと感じる今日この頃です。

日本人の平均寿命が延びたというものの、人には必ず死が待っているというのも偽らざる事実です。その為にどう処していったらいいのか、ここでは私自身の人生観とともにお話しさせていただきます。

私の場合、先に述べたように、自分自身の能力というか経営者としての器を自覚していましたので、早い段階から他に能力の高いプロパー社員に運営を委ねようとの決断に至りました。柔道整復師の世界に限らずどんな業種でも経験は重要ですが、技術革新に対応しようとの熱意が薄れたら去り際のサインではないかと感じています。サムエル・ウルマンの「青春とは人生のある期間ではなく、心の持ち方をいう」との名詩にあるように、人間は理想や夢を失ったときに老いるものです。つまり、情熱をもって新たにチャレンジしようとの気持ちが失せてしまったり、新たなテクノロジーに対応できなくなるのは間違いなく、その兆候かと思っています。政治家の出処進退は自分自身で決めるとのセリフは最近よく聞きますが、同様に、情熱を失った時に身を引くのは賢明な判断だと考えます。

ところで、先日信用調査会社国内第二位の東京商工リサーチ社が出したとある統計データを見て驚愕しました。それには社長の年齢別の業績状況が表してあったのですが、社長の年齢が若ければ若いほど増収傾向にあったのです。つまり、これは事業の「儲かる」「儲からない」に直結している指標なのですが、経験が豊富だから事業運営がうまくいくというわけでは決してないという証拠なのです。

6

個性を活かした接骨院経営の実現

これまで貸借対照表重視の経営や売上総利益の視点について述べてきましたが、これらの財務的な視点は、単なる数字の管理ではありません。むしろ、自分らしい経営スタイルを見つけ、実現するための基盤となるものです。ここでは、個人の生き方と経営スタイルの関係について考えていきましょう。

前提として伝えたいのは、**これさえ実践しておけば絶対に不安なく太鼓判を押せるといったものはない**、ということです。例えば、自院の認知度を高める為のヒントとして、かつて出版した書籍では、この方法が良いのでは、これが効果的だと具体的なアイデアを提案させていただきました。ただ、それらは単なるヒントにすぎません。そもそも、先生方それぞれのポリシーといいますか、生き方に違いがあるわけですから、画一的な手法をそのまま真似したところで、成果に結びつくはずもないのです。

柔道整復師という自身の好きな職業を選択されて生活していけるのですから、本来ならばこんなにも幸福なことはありません。何かを得る為に何かを犠牲にするのは、人生においてやむを得ないことだと思いますし、そうした自身の**「足るを知る」心持ち**は、人生をより豊かに充実させた心境へと導いてくれます。

接骨院はサービス業なのですから、基本的に人間とのコミュニケーションを取り続ける事によって成り立つ業務です。そこがどうしてもつらい、受け入れられないとしたら、精神衛生上の観点からしても、早期にこの仕事から離れた方がよいかもしれません。

それとともに、往々にして事業の成果が伴っていない先生方ほど景気の動向や社会環境の変化を口にされますが、これは決して正しい考え方ではありません。確かに患者の心理は時に揺れ動くこともあるでしょう。ただ少し冷静に考えてみると、率直に言って私たちは景気変動を受けるような大きなビジネスをしているわけではありません。つまるところ、集患ができていないのであれば、自分たちの提供している施術方法やサービス体制に問題があるのであって、単に患者から受け入れられていない、支持を得られなくなったのだという謙虚な姿勢を持つことが大切だと考えています。

もちろん、これは決して先生方を責めているものではありません。ただ、残念ながら当社においても同様ですが、一般的に売上予算が達成されていない所ほど、こうした弁解がましいコメントが出てくるのが世の常だと心しておきたいものです。

貸借対照表重視の経営や売上総利益の視点は、単に経営の安定性を図るだけでなく、自分らしい経営スタイルを実現するための基盤となります。財務的な安定があってこそ、自分の理想とする接骨院経営を追求することができるのです。そして、その追求の過程こそが、個人の生き方そのものとなっていくのです。

7

環境は自ら創り出すもの

自分らしい経営スタイルを見つけたら、次はそれを実現するための環境を創り出すことが重要です。**経営環境は与えられるものではなく、自ら創り出すもの**です。この過程は、経営者としての成長と密接に関連しています。

私はセミリタイア後、スキーを楽しむようになりました。なぜそこまでスキーが心を躍らせてくれるのかというと、自分で快適な環境を探し当てたからです。２０２５年には古稀を迎えます。この年齢では誰か友人たちが一緒に滑ってくれるわけでもありませんので、自分一人で滑っています。しかし、今は小学生や中学生たちと一緒にスキースクールに入り、スキー技術の習得に励んでいます。

高齢者の私がどうしてスキーに夢中になれるのか。それは、受け入れてくれる環境がそこにあるからです。人生の先輩方が心地よく過ごしている居場所があるからこそです。それは誰かの好意によって提供されたものではなく、**自ら行動して環境を創り出した結果**です。このように、環境を創る力があれば、年齢や状況にかかわらず新たな挑戦を続けることができます。

私の関与する理学療法機器の業界は、ここ30年間でおおよそ半数以上の企業が倒産するなど、経営的に厳しい環境が続いています。理学療法機器を製造するメーカー（輸入業を主とする当社も法律的にはメーカーとしての立場）で構成される業界団体の会員企業数も、会の発足当時と比べると三桁強から現在は40社以下へと激減しています。そのような熾烈な経済環境下において、私のような平凡な経営者が率いる小さな組織が、たとえ優秀なスタッフに恵まれたとはいえ、こうして生き残っていること自体、ある種の奇跡なのかもしれません。

また、この間には業界大手企業を差し置いて工業団体の会長職を5年間も務めさせていただきました。そのように業界やお世話になった取引先をはじめ関係者の方々に感謝し恩返しする意味でも、予算面にとらわれず研究開発に励むことができたり、脚光を浴びないスポーツを維持・活性化させる支えになっていきたいという気持ちが湧き起こりました。それこそが現在の仕事への意欲の原動力ともなっています。

私が生まれた昭和30年当時の日本男子の平均寿命は62～63歳、つまり当時の定年である55歳を迎えてから7～8年程度で生涯を終えるのが一般的でした。もちろん、これらはあくまでも平均値ですから個人差はありますが、これを現代に当てはめると、65歳で定年を迎えたとしても、男子の平均寿命である81～82歳まで16年以上も生きることになります。

この間、生きていくための経済的な問題もさることながら、これだけの期間を漠然と生活していくのも、それはそれで大変な話です。現在、私の同級生たちを見回してみると、ほとんどがフルリタイアないしはセミリタイアしていますが、概して現役時代と比べると一日の時間が経つのが長いと言っています。

そんな意味においても、柔道整復師の方々が年齢に関係なく、生涯にわたって他人の役に立てる職業に就くことができたのは本当に素晴らしいと思います。**仕事とは、自身が望むように生きるための手段**だというメッセージが届いたのならば幸いです。

このように、経営環境の創出は個人の成長と密接に関連しています。自らの経験や学びを通じて環境を創り出し、その環境がさらなる成長を促すという好循環を生み出すことができるのです。接骨院経営においても、この原理は同様に適用できます。患者さんとの関係性や地域とのつながりなど、すべては自らが創り出す環境の一部なのです。この環境を創り出す過程では必ず困難が伴います。しかし、この困難を乗り越える力が、経営者に求められる大切な要素なのです。

8

屈しない経営マインドを持とう

本書を通じて、時代に左右されない経営を実現するには、貸借対照表重視の経営、売上総利益の視点、自分らしい経営スタイル、そして環境の創出が重要であるとお伝えしてきました。これらを支える根本にあるのが「屈しない精神」です。

まず、**困難な状況こそ、自身と事業を成長させる絶好の機会**だと捉えてください。このような前向きな姿勢は、予期せぬ課題に直面した際に特に力を発揮します。

私は常日頃から、「はきはき」「げんきよく」「あかるく」「たのしく」「まえむきに」という姿勢が接骨院運営には大切だと伝えています。この言葉を院の理念にしている方もいらっしゃいます。これは単なる接客術ではなく、どんな困難にも屈しない前向きな姿勢を象徴しています。自分らしい経営スタイルを見つけ、環境を創り出してい

く過程で、必ず困難に直面します。しかし、この屈しない精神があれば、どんな困難も乗り越えられるのです。

さらに、人と話すことが苦手な方でも、雑談のヒントとなるキーワードを活用して、信頼関係を築く努力ができます。「季節・気候」「道楽・趣味」「ニュース」「健康」「家族」といったテーマを基に、適切な会話を進めることで、患者との距離を縮められるでしょう。ただし、現代はプライバシーや個人情報の問題があるため、宗教や政治といった話題は避けるべきです。少しずつ患者との関係性を深めることで、最終的には院の信用を高め、コアな患者を獲得することにつながります。

最後に、経営とは、トライ&エラーの連続です。完璧な法則や万能な解決策は存在しません。しかし、自ら行動し、学び、環境を創り出すことで、必ず新たな道が見えてきます。逆境を乗り越え、環境を創り出し、共に未来を築いていきましょう。それが経営者としての使命であり、生きがいではないでしょうか。

第5章

全国の成功接骨院

飯島接骨院（横浜市）
そのだ整骨院（横浜市）
望月整骨院（富士市）
藤井接骨院大門分院（福山市）
かなた整骨院（岡山市）
すずき接骨院（安城市）
よしもと鍼灸整骨院（神戸市）
阿部接骨院（茨木市）
大宮町整骨院（佐世保市）
まさき整骨院（大牟田市）

怪我の復帰を全力で支えます

飯島接骨院

（神奈川県横浜市）

院長 飯島剛 先生

日本柔道整復専門学校を卒業、東京都江戸川区の市原整骨院にて修業後、1985年7月「飯島接骨院」を開業。アキュスコープ・マイオパルスを30年以上ご愛用、当社のアキュスコープ勉強会では長年講師を務め、その通電ノウハウなどをご提供頂きました。現在アキュスコープ80L、マイオパルス75L、エレサスが各2台、アキュスコープ80T、マイオパルス75Tが各1台、その他当社複合器を導入されており、常に痛みの原因を追究し、日々スポーツ選手の早期復帰とパフォーマンス向上に尽力していらっしゃいます。

膝の怪我がきっかけで

中学時代から柔道を始め、野球、ハンドボール、陸上、相撲などあらゆるスポーツに取り組み、高校時代には高校の体育教員になる夢をもっていたのですが、自分自身の膝の怪我（ＰＣＬ〔後十字靭帯〕損傷・ＭＣＬ〔膝内側側副靭帯〕損傷・半月板損傷）をきっかけに柔道整復師の道を志しました。

サンメディカルが立ち上がったばかりの頃

アキュスコープの初期型モデルをデモして頂いた当時はサンメディカルが立ち上がったばかりの頃だったと記憶しております。商談に来られた岩田社長（当時）が夜中まで書類に印鑑を押すまで帰らなかったので、根負けしてアキュスコープ、マイオパルスを購入致しました（笑）。それからの長きにわたる縁で、アキュスコープ勉強会の講師なども務めさせて頂きました。現在の施術は、スポーツをされている幼少期のお子様から小中学生、高校生、大学生、社会人、プロ選手（日本）までの運動選手をはじめ、韓国プロ野球全球団とプロバスケットボール選手などを中心に行なっており、各々の患者さんの痛みを把握、専門医のドクターと連携しつつ痛みの原因を追究し、自分の診断がドクターに依頼した時にＸＰ・ＭＲ・ＣＴ等の検査と一致するか常に気を配りながら対応しています。

今後も柔道整復師の役割でもある外傷の施術に日々技術研鑽し、施術のプロ中のプロであることを自覚し、さらなる高みを目指して今後も精進していこうと思っています！

［営業担当者のコメント］

飯島先生が院長をされている横浜市保土ヶ谷区にある飯島接骨院は、私が小さい頃から怪我をしてしまったら通っていた接骨院ですので、地域の方は怪我をしたらまずは飯島接骨院に行くという印象でした。そんな飯島接骨院はいろいろなスポーツをしている方が来院されていますが、その中でも野球をしている患者さんは、小学生からプロ野球選手までとても多くの方が来院されています。甲子園などの大会期間中には、飯島先生自らアキュスコープ、マイオパルスを持参し、車を運転してどこでも施術するなど、とても熱心な先生です！

私がサンメディカルに入社してから、定期的に飯島先生と関わらせて頂き、施術中以外の時間にも来院患者さんの動作などを動画などでチェックしたり、整形外科の先生やチームのトレーナーさん、部活の顧問の先生と密に連絡を取り合いながら、選手の早期復帰やパフォーマンスの向上に全力を尽くしている先生は、今でも当社の勉強会に参加されるなど、本当に勉強熱心です！また長年ご愛用頂いているアキュスコープ80L、マイオパルス75Lに加え、新型のアキュスコープ80T、マイオパルス75Tを新たに導入して頂き、今まで以上に怪我をしている方々の早期復帰に繋がる施術ができる！と嬉しそうに語っていらっしゃいました。今でも学び続けている飯島先生のような情熱のある先生と関わらせて頂くことができ、とても嬉しく思っております！（尾通）

飯島接骨院（神奈川県横浜市）

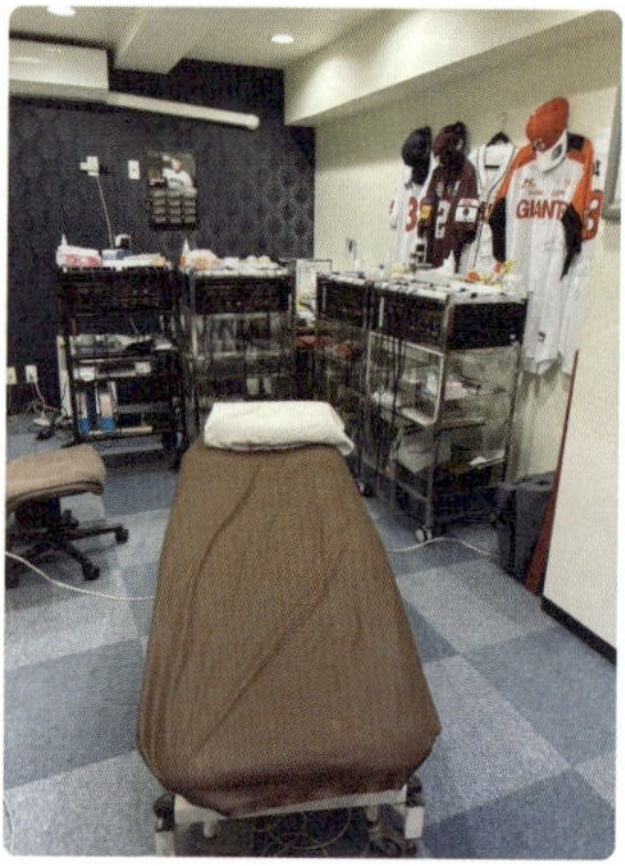

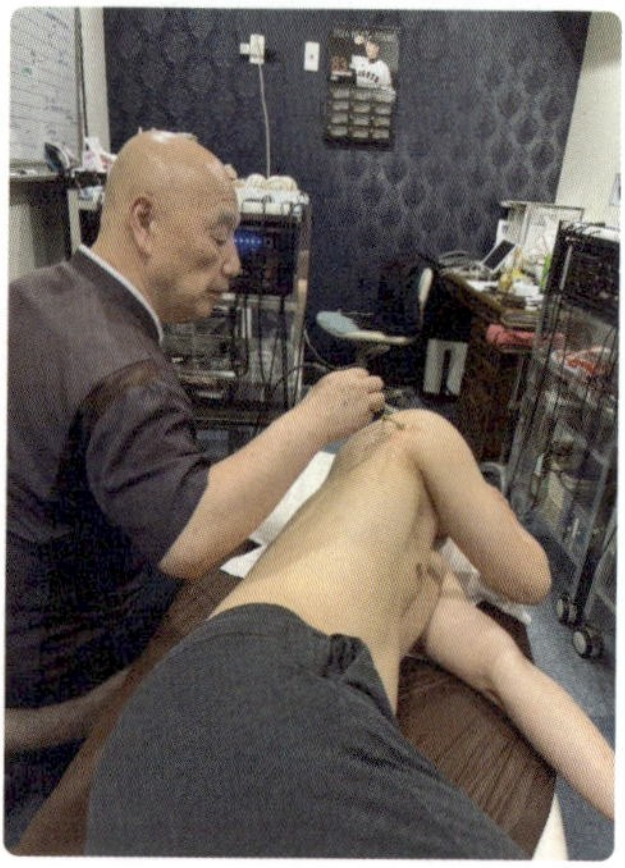

情熱溢れる施術でスポーツ障害を解決

そのだ整骨院

（神奈川県横浜市）

院長 園田郁夫 先生

日本柔道整復専門学校を卒業後、防衛大学校柔道師範の高田吉郎先生（柔道六段）が院長であった高田整骨院にて研修、1972～73年大森名倉整形外科の名倉順三先生、1974～77年大口病院整形外科の黒川一先生のもとで研修後、1977年「そのだ整骨院」を開業。現在アキュスコープ80L&マイオパルス75Lが5セット、アキュスコープ80T&マイオパルス75Tが2セット導入されており、〝確かな施術技術×新しい機器〟で「何年も治らなかった…」「どこに行ってもダメだった…」方々をたくさん笑顔にしてきた実績があります。

施術に対する情熱だけは誰にも負けない

学生時代、高田吉郎先生の整骨院で施術を受け、高田先生が柔道6段、防衛大学校の師範であられ心温かく素晴らしい先生の勧めもあり書生としてこの道に入りました。取り組んできたスポーツはあらゆるジャンルに及び、柔道の他に特にスキーと水泳に長く親しんでおり、スキーはデモ選手権、水泳はマスターズで15年間身体を鍛えてきましたが、流石に喜寿も近く、最近ではゴルフもレディースティーからショットしないと負けてしまうため、散歩程度にはなっていますが、まだまだ気力と施術に対する情熱だけは負けていないと自負しています。

柔道整復師として50年、患者さんの笑顔が嬉しい

アキュスコープとの出会いは今から30年ほど前になりますが、その当時はこの機器

についてあまり情報もなく、手探りの施術の中で患者さんに使用していくうち、数多く奏効するフィードバックが見られました。今までの治療器の効果とは歴然たる違いを感じ、繰り返し来院される患者さんからの強い要望もあり、アキュスコープの導入に至りました。通電の効果が顕著なため施術することが楽しく、施術後の患者さんの笑顔が嬉しくて、50年も経ってしまいました。

アキュスコープの可能性はまだまだ未知数で、アメリカやオーストラリアで施術のパラダイムシフトが起きていたので、これも楽しく感じ、アキュスコープとの共闘は寿命が尽きるまで引き続き楽しく続くと思います。当院にこの治療器を初めて紹介してくれたのは、サンメディカルの牧江氏で、通電に手探り状態の中でも、共にプロトコールをある程度まで見出せたのは非常に有意義でした。

現在、施術はACL（前十字靭帯）、PCL（後十字靭帯）、腰椎分離症、ヘルニアなどの再生を中心に行なっており、X線やMRI、CTなどの検査結果のみを追いかけた施術では効果は上がらず早期回復に導くことはできないのでBPS（Bio-psycho-Social）モデルの考え方でパラダイムシフトしています。主に、アスリートの怪我からの早期回復を中心に考え、外傷の通電には最高のパフォーマンスが出せるアキュスコープシルバーとアキュスコープブラックで対応しています。

今後の抱負は世界をリードしていく施術家

世界の医療、特にオーストラリア・アメリカにおいては目覚ましい変化が続いています。施術のスタンスから考え方に至るまで時代と共に進化するのが望ましいですが、残念ながら日本ではこの点が遅れているように感じます。今までの考え方を踏襲しプロトコールのみを追いかけていては未来はありません。

新しいアキュスコープブラックはそのような意味では、進化を続けています。この機器と確かな施術でもって世界をリードしていく施術家になりたいと考えています。また、今後森本氏率いるサンメディカルが微弱電流治療器のリーディングカンパニーにふさわしい会社に発展するよう祈念しています。

［営業担当者のコメント］

園田先生とは入社直後から現在に至るまで担当として多くを学ばせていただいております。当時、何も知らない未熟な私に時には厳しく指導をしていただく一方で、昼休みに一緒にお弁当を振る舞ってくれるなど心温かく育ててくださった大好きな先生です。その中でも「アキュスコープは世界一の機器なのだから、プライドを高く持って仕事しろよ。」と激励してくださったのは今の私にとって大きな財産でもあります。

妥協することなく最新、最先端にこだわり、技術、知識を研鑽し続ける園田先生。これからもずっと「追いかけて来いよ」とその大きな背中を見せつけ続けて欲しいです。（五十畑）

そのだ整骨院（神奈川県横浜市）

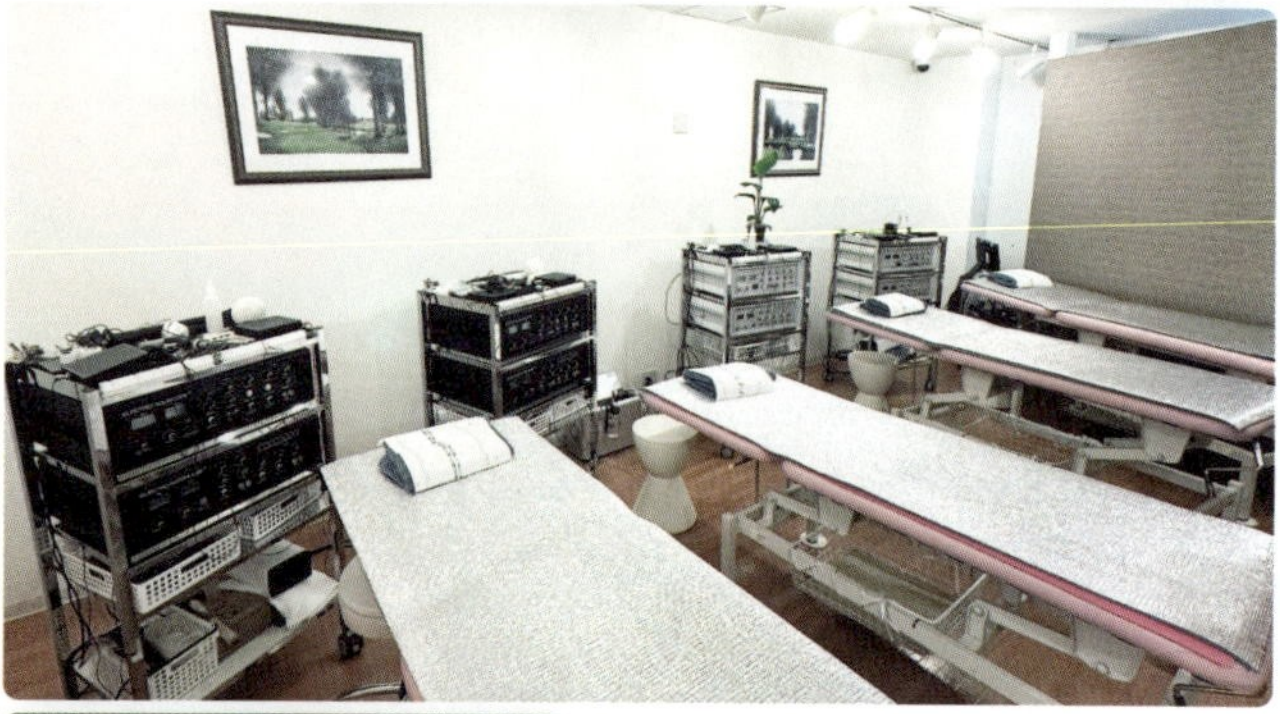

そのだ整骨院 HP

そのだ整骨院SNS

Facebook

地域住民憩いの場、温かく丁寧な施術で根本改善に力を注ぐ

望月整骨院

（静岡県富士市）

院長 望月段《たつ》 先生

中部柔道専門学校（現・米田柔整専門学校）を卒業後、静岡県富士市の駅南望月整骨院（ご実家）にて勤務、その後2004年に富士市内にて独立開業し、2024年で20年。微弱電流治療器エレサスを3台の他、アキュスコープ、ハイチャージを使いこなし、患者さんのために日々技術研鑽を積まれていらっしゃいます。

父の背中を追って

父親が柔道整復師であり実家が整骨院を営んでいたため、必然的に柔道整復師になるものだと思ってこの道に進みました。整骨院一族として地域医療を担ってきた45年以上の歴史の重みを感じつつ、父の代から築いてきた信頼を崩さぬよう、地域の整形外科とも医療連携を取りながら、日々施術にあたっています。

微弱電流施術専門院として

柔整業界の保険取扱いや漫然とした施術に対しての疑問、頻繁に通院する昔からの整骨院通い（時間のない中で頻繁に通う大変さなど）等、院の現状も考え、従来の治療器とは異なる中で、患者さんの身体の不調を早期に改善できないものかと考えた時に、光明を見出すことができたのが、微弱電流治療器のエレサスだったのです。

今では、微弱電流治療器（＋ハイチャージ）専門のスタイルを取り、急性や慢性などの症状から美容に至るまで全て微弱電流治療器による通電を行なっております。特に、病院で改善されなかった症状や、原因がはっきりしないものなどの相談が多く、多くの症状に可能性を秘めたものが微弱電流通電ではないかと思いますので、今後さらなる技術研鑽を重ね、様々な症状が改善できればと考えています。

［営業担当者のコメント］

望月先生はお父様の代からの地元に密着した整骨院にて修業し独立されましたが、保険施術の限界を感じてご相談を頂きました。弊社では以前から保険施術の先行きから自費施術の導入を提案させて頂いておりましたが、今まで保険施術のみでの経営の中、自費施術の導入には望月先生も不安を感じておられました。しかし、ここで何かのアクションを起こさない事にはと、エレサスでの自費施術の導入を決断されました。最初は今までの患者さんが離れていく事もあり、不安は大きかったと思います。そんな中1人、2人とエレサスを希望される患者さんが増えていき、1年後、1年半後とエレサスを追加導入、今では保険施術時代の機器を一掃し、エレサス3台、アキュスコープ80L1台を導入頂き微弱電流治療専門院として予約をお断りしなくてはならないほどの人気の院となっています。

望月先生の微弱電流治療器に対する愛着は強く、毎朝エレサス、アキュスコープ80Lに「今日も宜しく頼むよ」、施術後には「今日もありがとう」と声を掛けられているとのお話をお聞きし、嬉しく思いました。

我々も今一度自社の治療器に感謝の気持ちを持ち、治療器について見つめ直さなければと感じました。（牧江）

望月整骨院（静岡県富士市）

望月整骨院 HP

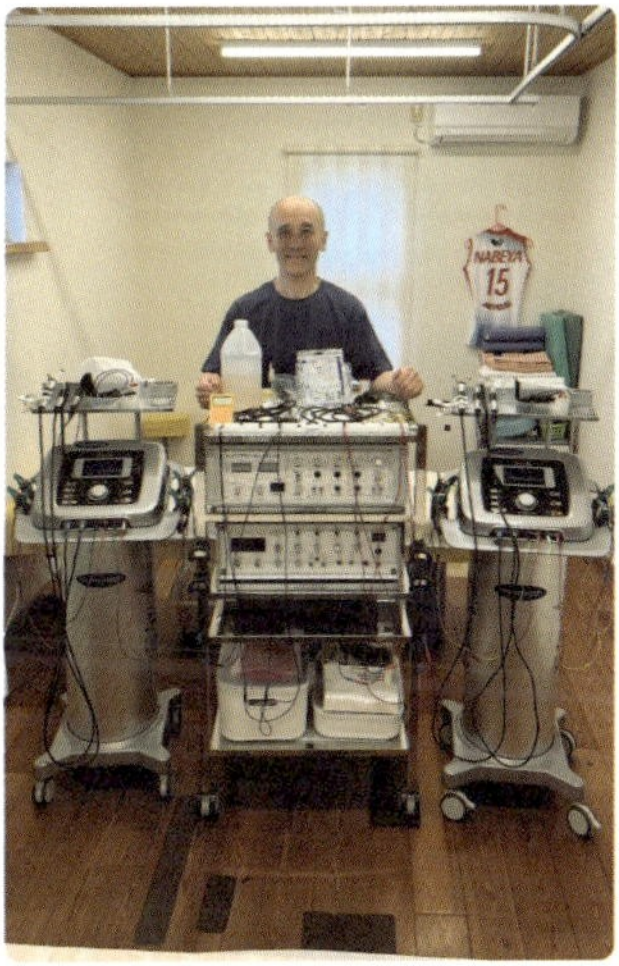

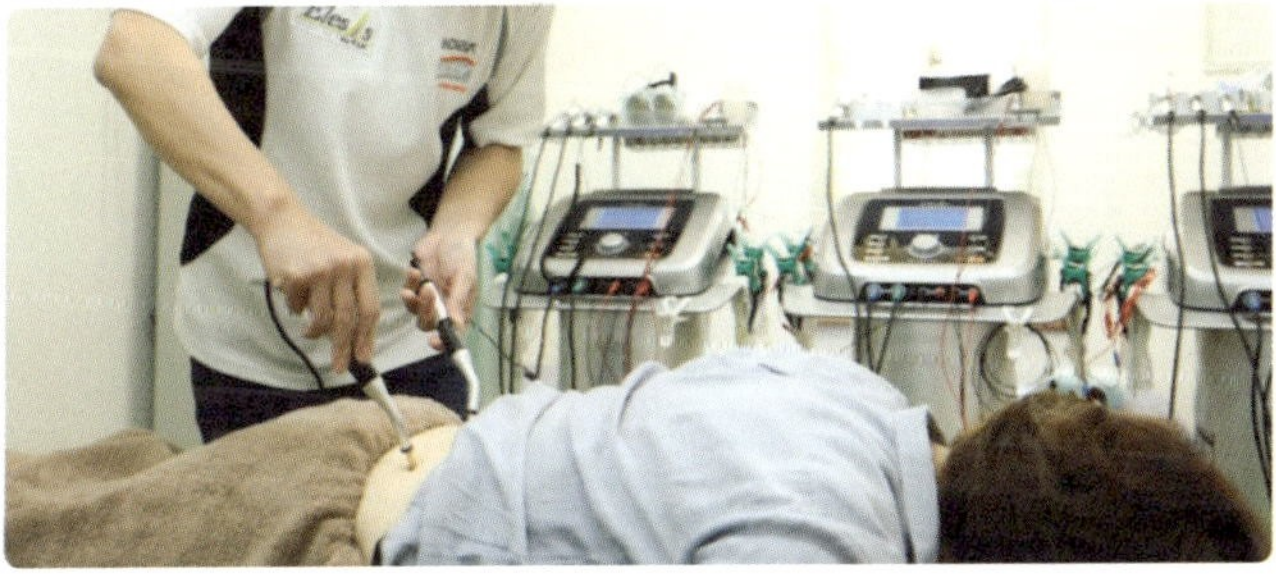

スポーツ愛好家の駆け込み場、地域一番店として定着

藤井接骨院 大門分院

（広島県福山市）

院長 栗原章 先生

朝日医療専門学校（現・朝日医療大学校）を卒業後、藤井接骨院を経て、現在藤井接骨院大門分院院長（2021年独立）。「アスリートをはじめとする運動を楽しむすべての人のための接骨院」を掲げ、スポーツコンディショニングに特化し、いつもスポーツ選手やスポーツ愛好家の側に寄り添いサポートを続けていらっしゃいます。

師匠の故藤井賢二先生と出逢い

私はサッカーを幼い時からやってきました。中学三年生の時に膝を怪我してしまい、手術をすることとなりましたが、手術がうまくいかずにサッカーをあきらめていた際に師匠である故藤井賢二先生に会うことが出来ました。その折の患者さんへの施術、対応に感銘を受け、藤井先生のような施術家になりたいと思い、柔道整復師を選びました。

長らく使用している治療器

私はサンメディカルさんの治療器は藤井先生のところでお世話になった時から使わせて頂いていますが、それ以前から自分が患者としてサンメディカルさんの治療器で施術を受けていたので、その結果の凄さは知っていました。当院ではマッサージはせず、主に物理療法にて施術をしています。患者さんの症状に合わせてアキュスコープ、マイオパルス、エレサス、DEEP OSCILLATION、ハイチャージＮＥＯを組み合わせてアプローチをしています。本当に様々な症状の患者さんへアプローチができるので大変助かっています。

今後は今使っている治療器で患者さんに対して１００パーセント以上の効果を引き出せるように日々勉強をして、苦しんでいる患者さんをより早く治していけるようになりたいと思っています。また、私の目標でもあった今は亡き藤井先生が患者さんを大切に想われていた気持ちをいつまでも忘れることなく、患者さんと向き合っていきたいと思います。

［営業担当者のコメント］

私が弊社駆け出しの時からお世話になっていた福山の藤井先生のところで、栗原先生が高校を卒業してすぐアルバイトに入っておられました。その後藤井接骨院大門分院の院長として、さらにはその分院を自身の接骨院としてスタートをかけられました。独立スタート時に、接骨院名を藤井接骨院のまま変えておられないのはお世話になった藤井先生への想いからだと思います。そんな先生だからこそ、分院長時代から通電結果への探索は勿論ですが、自費施術、経営的な面にも積極的に取り組まれておられます。今では「先生の所に来れば何とかなる！」と患者さんにも大変慕われておられる先生です。

長らく弊社機器に囲まれておられるだけあって通電結果も出され、地域一番店になっており、弊社展示場にもなっております！（田中）

藤井接骨院 大門分院（広島県福山市）

藤井接骨院 HP

藤井接骨院 SNS

Facebook

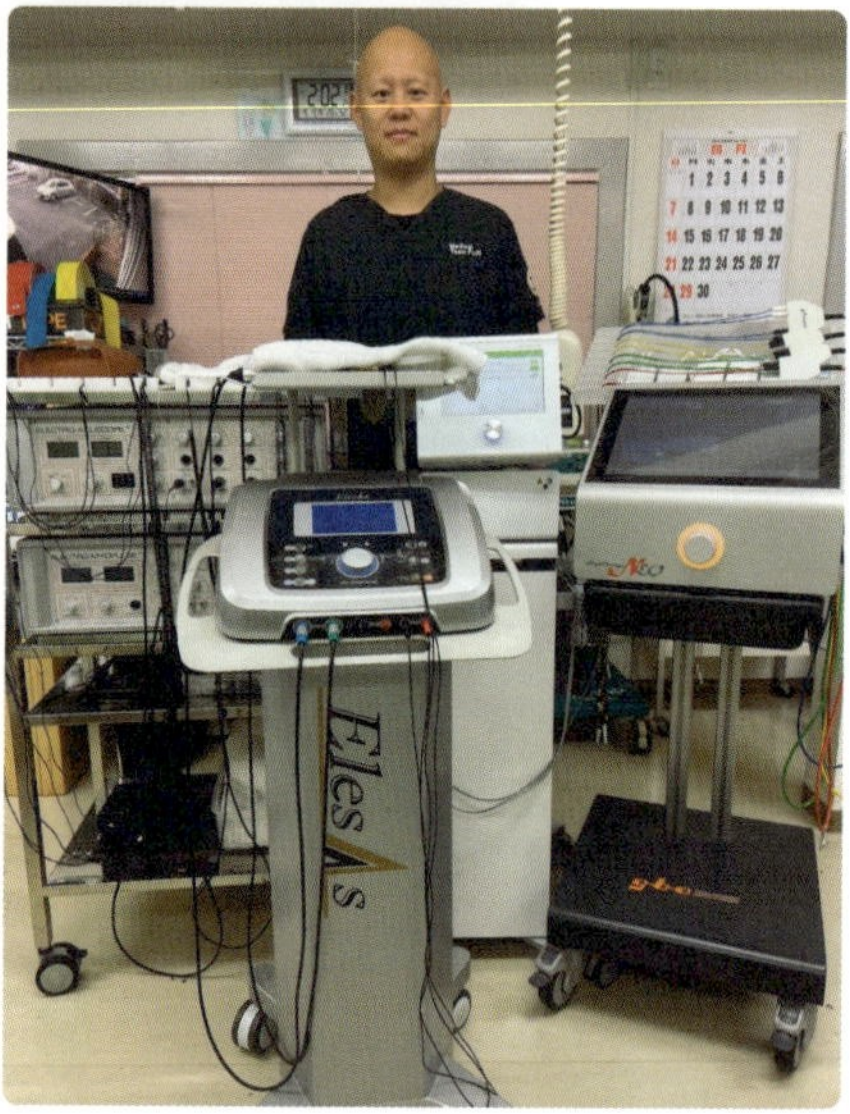

元球児の経験を活かし、スポーツ障害に寄り添う

かなた整骨院

（岡山県岡山市）

院長 金谷直哉 先生

朝日医療専門学校（現・朝日医療大学校）を卒業後、２０１１年より岡山市中区にあるナオキ整骨院へ。２０１３年より施術管理者として勤めながら、延べ10年間の修業を経て、２０２１年６月10日より地元である岡山市北区北方にて「かなた整骨院」を開業。急性期の外傷以外にも、健康相談や日々のコンディショニング、スポーツをしている方のメンテナンスなどあらゆるお悩みに対応できるよう、患者さんとのコミュニケーションを大切にしながら施術を進めていらっしゃいます。

自分と同じ境遇の方々の力になりたい

幼少期より野球をしておりましたが、とにかく怪我が多く、その中で腰椎分離症を発症。日常生活に支障が出るほどの疼痛で当時は接骨院は馴染みがなく、病院を点々としておりました。あるドクターから「君はもっと身体の使い方の理解と必要なトレーニングをしていかないとずっと痛みがなくならないよ」と言われ半信半疑ではありましたが、リハビリを開始したことにより怪我の頻度が低下し、分離症の症状も改善していきました。しかし、完全に治ったのは現役を引退した後であり、自分と同じ境遇の方々の力になりたいと思って当時の高校の進路担当の先生と資格について調べ、この道を進みました。

組織修復には物理療法による早期回復が見込める

元々私が修業していた院は物理療法には力を入れておらず、ほとんど知識がない状態でおりました。しかし、組織の修復には物理療法がある方が早期の回復が見込めるという事は思っており、開業前に友人や先輩の院へ行って多くの機器を試させていただいた結果、開院時は多くの通電方法のあるハイチャージNEOの購入を決めました。

営業担当の三宅さんや他院の先生方と勉強会をしていく中で、当時の施術時の悩みを相談していくうちに微弱電流治療器のエレサスでの改善が見込めるのではないか？と考えてデモをお願いしたところ、非常に良い結果につながりエレサスの購入に至りました。

現在は、筋肉や身体が正しい動きができるように自動運動、他動運動、モビライゼーションを主として行いつつ、同時に状況によりエレサスやハイチャージを通電する施術を行っております。まだまだ若輩者なので日々技術、知識の向上に努めていく所存です。

［営業担当者のコメント］

金谷先生は私が初めてご開業から携わらせて頂いている先生です。開業の打ち合わせの中で、「患者さんと誠実に向き合い、治癒後のその先を見据えた施術をしていきたい！一生懸命な人を助けたい！」と開業への思いを熱くお話しされていたのを今でも鮮明に覚えております。

開業時から全身のケアができるハイチャージNEOを導入され、患者さんの一日も早い回復の為にと、金谷先生ご自身の行動力と思い切りの良さで、半年後にはエレサスを立て続けに導入頂き、当初から思い描いていた院づくりが出来ているとありがたいお言葉を頂き感謝しております。訪問時に患者さんが笑顔になって帰られる姿を見るにつけ、担当営業の私もいつも元気とパワーをもらっています。そんな金谷先生のお力になれるように今後も精一杯サポートさせて頂きます！（三宅）

かなた整骨院（岡山県岡山市）

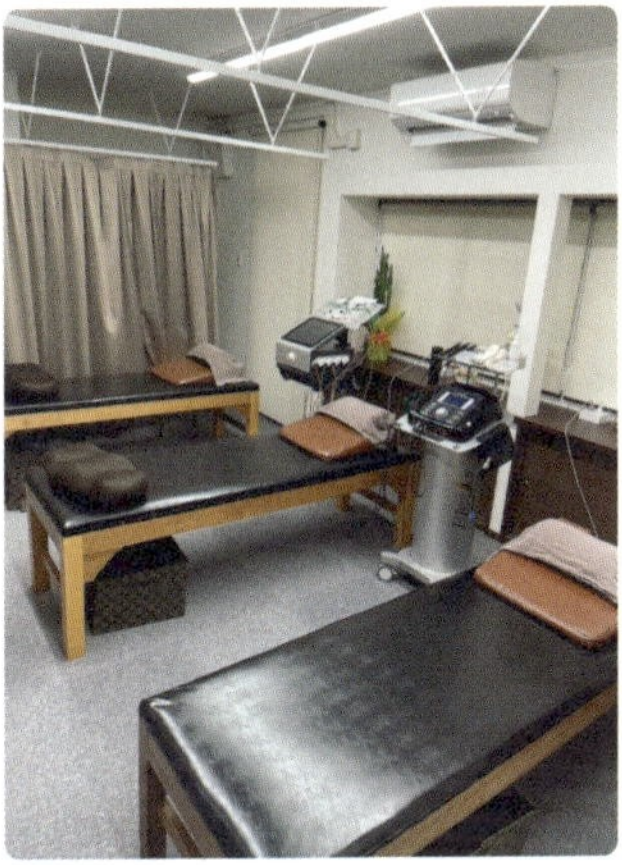

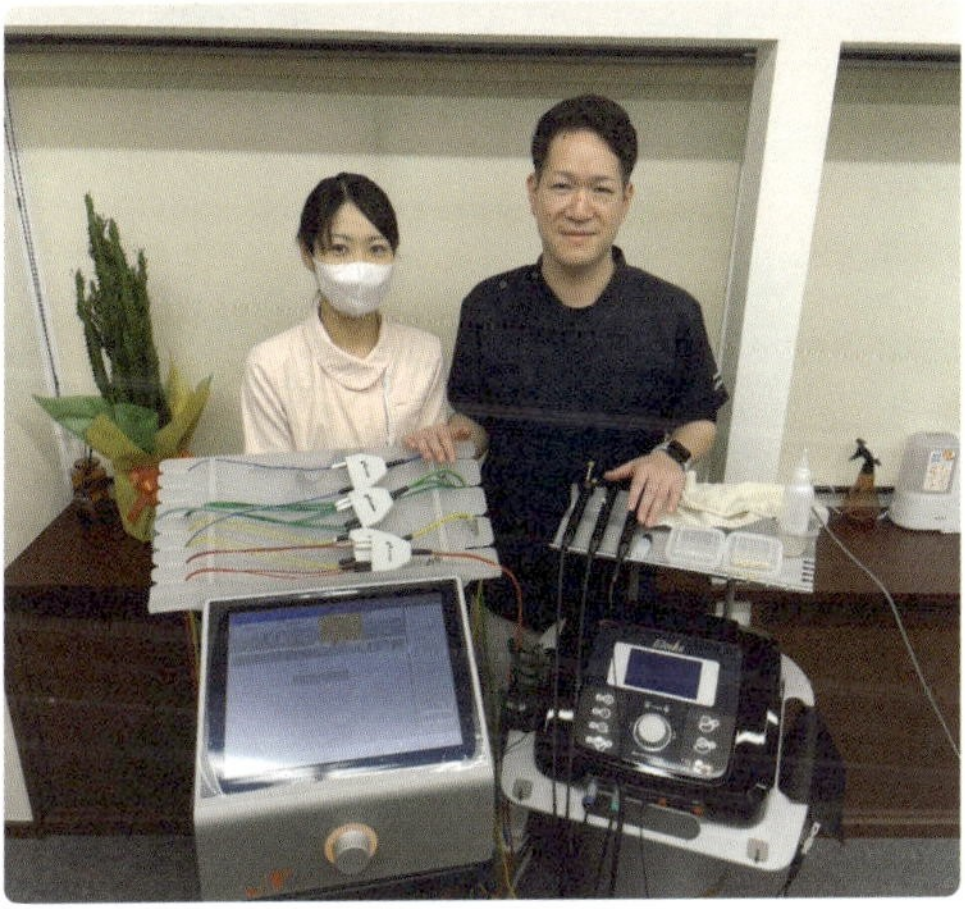

Instagram

父の志を継いで新たなスタイルの整骨院に進化。地域から信頼を得る

すずき接骨院

（愛知県安城市）

代表 鈴木清吾 先生

米田柔整専門学校を卒業後、愛知県西尾市の鈴木接骨院（ご実家）と名古屋市南区の井本接骨院にて研鑽を積み、２００７年独立開業。２０１１年に安城市内に場所を移し「すずき接骨院」開院。アキュスコープシリーズやエレサスをはじめ、ハイチャージなど当社治療器の充実、トレーニング施設も併設し様々な角度から再発しにくいカラダづくりのご提案をされていらっしゃいます。

サンメディカルの治療器は尖っている!?

西尾市で父親が接骨院を営んでいたため、いずれは家業を継ぐのだろうなとおぼろげに考えていましたが、高校生の時に父が胃潰瘍で倒れ、今思えばその時に後を継ぐ決意をしたのかもしれません。もともと父の接骨院で、アキュスコープとマイオパルス合わせて8台使用しておりましたので馴染みが深いのですが、サンメディカルの治療器は何か尖っているという印象が強いです。

何にでも効果があるというよりは急性期に特に効果的で120点を出してくるという感じでしょうか。

エレサス、ハイチャージ、イオノソンエビデントもそれぞれ得意なものがあり、状態に合わせて選択して使用しています。

施術と運動のハイブリッド

主に急性のものに対しては電気療法を中心に症状に合わせて治療器を選択していくようにしており、慢性的な痛みに対しては施術だけでは痛みが戻ってしまう場合があるため、運動療法を多く取り入れています。以前は、施術は当院、運動は別の施設や患者さん自身にお任せしていたのですが、私自身が求めていることができない歯がゆさもあり、施術施設と運動施設を組み合わせた接骨院を作ることで、現在は2つを効率的に、また効果的に組み合わせたハイブリッドな施術を行っています。

この施術施設と運動施設を連携させるという理想の形ができているので、今後はこのような施設を増やしていきたいと考えています。

コロナ禍も経験し、現在子供たちの運動能力が低くなっている傾向があり怪我をする子供たちが多くいるため、運動能力を向上させ筋力や姿勢の改善など根本的な部分から変えていきたいと考えています。

［営業担当者のコメント］

鈴木代表のお父様の接骨院には私がまだ若い頃に上司に連れられ勉強会に参加したことがあります。その時にお父様の鈴木先生は「自分は手技やマッサージはしない、全てアキュスコープとマイオパルスで施術する」とおっしゃっていたことが今でも印象に残っています。その当時からアキュスコープ、マイオパルスに絶大な信頼を寄せ、お使い頂いているご様子でした。その基本の考え方はご子息の清吾先生にも引き継がれ、独立後は大きな運動施設を併設した新たなスタイルの接骨院を作り、地域から信頼を寄せられている人気の接骨院です。また、新しく発売されたTシリーズもいち早く導入して頂きました。

今後先生の現場での声を反映できるようしっかりとサポートさせて頂きたいと思います。（大池）

すずき接骨院（愛知県安城市）

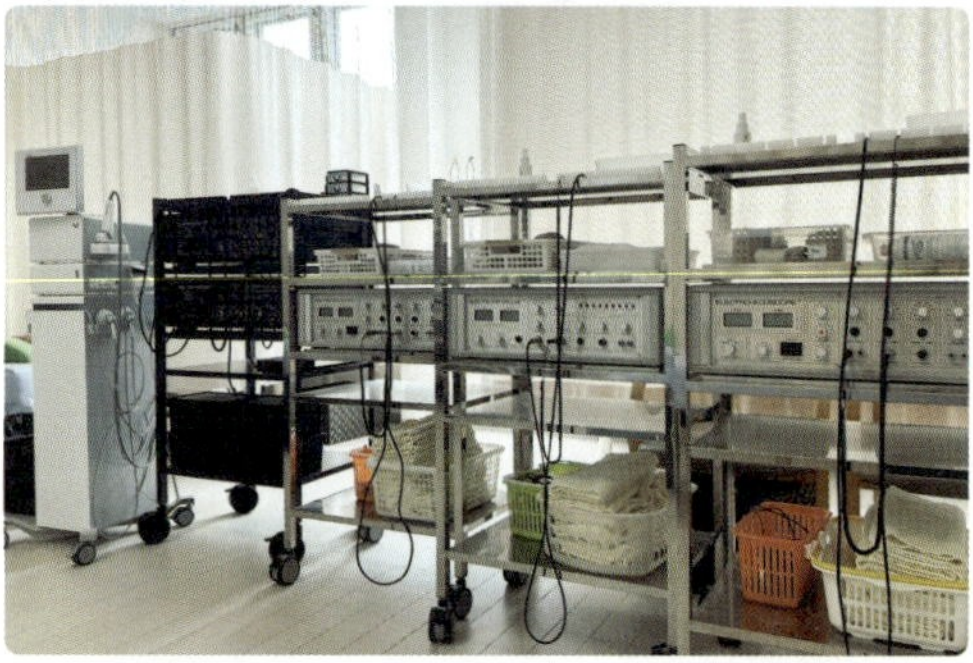

すずき接骨院 HP

すずき接骨院SNS

LINE

バイオリズムの振れ幅を理解し、良い時も悪い時も整えた場所へ戻ること

よしもと鍼灸整骨院

（兵庫県神戸市）

院長　吉本聰《あきら》先生

トレーナー派遣会社に就職後、1996年にはり師・きゅう師（鍼灸師）免許取得。その後医院のリハビリテーション科や接骨院に勤務し、1999年11月に「はりきゅう からだ工房」を開業。2005年4月に、柔道整復師免許を取得、2005年7月26日「よしもと鍼灸整骨院」を開業し、現在に至ります。当社のアキュスコープ勉強会で長年講師を務め、貴重な通電ノウハウや資料を惜しみなくご提供頂き、現在でも技術研鑽に余念がありません。

持病により選手の道は厳しく

大学を卒業し社会人野球へ進んだのですが、持病がひどくなり、選手としての継続の道は非常に厳しい状態でした。そこで、スポーツの現場にいることができる仕事を探し、知人の紹介でトレーナーの派遣会社に就職をしました。入社数年後に、手に職をつける意味でも自分の武器となるものがもう少し欲しいということで、朝から夕方までトレーナーの仕事をしながら、夕方6時からは夜間の鍼灸の学校へ通い、はり師・きゅう師の免許を取得しました。

最初は値段を聞いて思わず、買えるかボケ！（笑）と

アキュスコープ、マイオパルスを使い出したのは独立開業してからです。開業当初は、リハビリ科などに設置してあった干渉波治療器のエディットを導入し「はりきゅ

う からだ工房」を始めました。当時の担当が森本氏（現社長）に代わったタイミングで、アキュスコープキャリーをデモで持ってきてくれました。いまだに覚えているのは、このデモ器を借りたばかりで使い方もあまりよくわかっていない状態の時に、60代の男性がテニス中に、ふくらはぎに重度の肉離れをおこして、娘さんに担がれて来院した日のことです。まず、施術の鍼をし、次にエディットで、最後にアキュスコープキャリーで電気を流しました。すると施術前はほとんど歩くことができなかった状態だったのにも関わらず、自力歩行ができるようになり、なんじゃこりゃっとなったんです。そこで森本氏が薦めたアキュスコープ80L、マイオパルス75Lの値段を聞いて、「買えるかボケ！（笑）」と言って、カタログを投げたという逸話……。

でもこの機器でアスリートや患者さんに使用すると、驚くべき効果を発揮します。結局、色々と相談にのってもらいながら、励ましてもらいながら、安心させてもらいながら、アキュスコープ80L、マイオパルス75Lの購入に至りました。それからは良く言えば、日々技術研鑽を重ねていき、飛躍的に効果が上がりました。悪く言えば、いいおもちゃを与えられた子供のように機器を壊れそうなぐらいまでいじくり倒してのめり込んでしまい、「こういうふうにしたらええんちゃうかな」とか、後で「こうやったんちゃうかな」と、私のアナログな推測が始まりました。そして設定や通電箇所、身体を動かしてみながら等、色々と試行錯誤しながら効果を出していった時が一番楽しかった時期かもしれません。いや、アキュスコープ80Ｌを購入した5年後や10年後でも施術はとても楽しい。もちろん、仕事はハードでしたが、早期に良くなったとか、リバウンドがなく復帰できたなど患者の間で口コミとなり、さらに口コミが口コミを生み、著名な選手や色々な方とのご縁ができたのは、やはりアキュスコープのお陰といってもいいと思っています。そういう意味ではとても感謝しています。

当初から施術の軸は変わらず

施術の軸は変わっていませんね。軸はもう変わらず。やはり恒常性をいかに早く高めるかが私の役目だと思います。

特に年を取るに従って強く思うのは、人間の力って弱くて強いもの。よく思うのは、昔の人は質素な食事で舗装されていないような道をわらじを履いて、何日もかけて休息なしで江戸〜大阪間を走ってたわけですよ。今は便利になったり、綺麗になった一方で、本来使うべき体の部位が使えなくなってしまったり、人間の体そのものを脆弱にしている部分があるように感じます。そもそも体に備わっている恒常性やその人が持ってる治癒力というものをどれだけ高めていくかです。

昔は患部への通電がメインに行われていましたが、最近は全身通電や自律神経にアプローチして整えると同時に患部へ電気を流します。その点を無視すると、怪我の治りが遅くなるので、早期回復するために、元ある姿に戻るのを邪魔しないように、治癒を促進させ加速させていくことが重要であると思います。そして「整える」。来院するプロのアスリートも含めて皆に伝えるのですが、非常に大事なことは、自分のバイオリズムの中で、その幅を理解しどんな時でも整えておくことです。

コロナ禍があり、良い時も悪い時もあり、非常に調子の良いスポーツ選手でも、何も考えていなくても結果が出やすい時期もあれば、スランプに陥る時もあり、この振れ幅を理解し、良い時も悪い時も整えた場所へ戻る。これは重要ですね。

アキュスコープに出会っていなければ

アキュスコープに出会っていなければ別の仕事をしとったんじゃないかなと思ったりする時があります。

今まではアキュスコープを持っているだけで、それなりに差別化ができていたのかもしれませんが、これからは持っている先生が増えてくる中で、差別化を図っていくには、使い方や何をどのようにアプローチするかを考える必要があると思います。また、20年前とは違い、時代の移り変わりによって、新しい疾患であったり、目や耳、鼻などの感覚器の問題なども変化します。そのような状況にも柔軟に対応でき得る物療機器だからこそ、機器をどのようにアジャストして使っていくかを考え、当時分からなかったことが今様々な形で解明されつつある点も含めて、遅れないようにすることが肝要です。

要は、我々はやはり患者さんのためにやっていることなので、患者さんの幸せのために、もっと時間を惜しんで勉強し、研鑽を積まなければならないと考えています。

その中で、サンメディカルの物療機器は凄い力になってくれると思います。（出会わせてくれた森本さんには、ほんまに感謝です！）

［営業担当者のコメント］

吉本先生、お忙しい中貴重なお時間をいただき、誠にありがとうございます。先生は常に軸を変えずに患者さんと対峙され施術にあたられています。SCAN療法やゲートウェイSCANなど再現性が高く、効果的な通電方法も研究され、その新しい考えや通電方法などを弊社の勉強会では講師としても披露して頂いております。（佐藤）

よしもと鍼灸整骨院（兵庫県神戸市）

Facebook

患者さんの痛みの変化を読み、治癒への道しるべとなること

阿部接骨院

（大阪府茨木市）

院長 阿部皓哉《てるとし》 先生

２０１０年に千里三浦整骨院で勤務され、平成医療学園柔道整復師科を２０１３年に卒業（柔道整復師免許取得）。その後２０１６年に「阿部接骨院」を開業され、２０２０年に現在の地に移転。「即効性にこだわり、少ない来院で早期改善へ導く」がモットーでいらっしゃいます。

当時の接骨院の先生に感銘を受ける

幼少期より野球を行っておりましたが、中学生の時に野球肘になり接骨院に通っていました。高校生の時にも膝を痛め、当時接骨院の先生に「後十字靭帯を損傷している可能性があるから、病院でＭＲＩ検査をしてきてください」と言われ、その診断結果が一致していたことに感銘を受け、施術家の道へ進もうと思いました。

ある日突然、営業スタッフが来院!?

エレサス、アキュスコープ、マイオパルスは噂で何となく知ってはいたのですが、ある日、営業の方が来られ、ふと機器の事を思い出しデモをお願いしました。当初は、四肢クリップを使用した疲労回復や組織の修復にさらに使えればいいやという甘い考えだったのですが、説明を受けても一度では理解できず再度勉強会に参加しました。理解に時間を要しましたが、身体の仕組みや微弱電流の奥深さを思い知らされ、自分の知識のなさ、視野の狭さを痛感しました。デモで使用した際、通電時にほとんど何も感じないのに痛みや動きがみるみる変化し、ぜひ導入しようということでエレサスを購入しました。当時はスタッフと2人体制で分院展開を考えていたことと1台のエレサスを2人で奪い合うように使用していたため、半年後に新たに2台目のエレサスを追加で導入しました。

エレサスを使用していく中で、ではアキュスコープとマイオパルスはエレサスとどう違うのか、どこまですごいのかと思うようになり、結局アキュスコープ80L、マイオパルス75Lまで追加導入することになった次第です。

原因に対してのアプローチの説明を何度も受けて

現在は、急性外傷の痛みや組織の修復に通電するのはもちろん、慢性痛には頭部通電などを行っています。以前は結果に対してアプローチをしていましたが、通電方法などを伺うと、症状の部位への通電（患部通電）の説明は少なく、原因に対してのアプローチを何度も受けることで考え方も変わっていきました。今では原因をしっかり見極め、どこからどのように痛みがアウトプットされているのか、アウトプットを変化させるとインプットがどう変わるのかを考えながら施術をするようになりました。

エレサスを導入し、数年後にアキュスコープ、マイオパルスを導入。この中で僕にとって一番大きかったのは、機器の使い方ではなく、微弱電流治療器を用いることで「人と身体のシステム」を観るようになったことです。治すのは患者さんご自身で、僕らは機器を通して患者さんにきっかけや気づきを与えることで、痛みの変化から治癒への道しるべを示してあげるサポートを行っているということです。特に、今後はどこに行ったらよいのか、どうしたら良いのかなどの治療院迷子になっている患者さんの力になれれば幸いです。

［営業担当者のコメント］

阿部先生、貴重なお時間頂き、誠にありがとうございます。先生は良いもの

阿部接骨院（大阪府茨木市）

は積極的に取り入れ、常に前向きにどうしたら患者さんの痛みや治癒に役立てるかを考えておられ、より高みを目指した施術に余念がありません。（佐藤）

スポーツ選手がケガであきらめることがないよう、施術と予防に重点を置く

大宮町整骨院

（長崎県佐世保市）

院長　小出光秀　先生

中学時代に1年間ドイツ・デュッセルドルフへサッカー留学をし、帰国後、長崎日大高等学校から日本大学へ進学。卒業後は日本体育大学医療専門学校に進み、柔道整復師の資格を取得。整骨院での修業を経て、桜接骨院（日本大学資本）の初代院長に抜擢。

１９９８年に長崎県佐世保市にて「大宮町整骨院」を開業。数多くのプロ選手やアスリート、中高生スポーツ選手のケアに携わっています。２０１２年には長崎国際大学にて健康栄養管理学科研究科の修士課程を修了し、大学で講師として学生に向けて教鞭を執るなど施術だけでなく教育の分野でも活躍していらっしゃいます。

サッカー留学で見た施術家の道

中学3年生の頃、サッカーでドイツに留学した際に、ブンデスリーガ（ドイツの男子サッカーの最上位リーグ）の選手が怪我等のケアをされている姿を見て、表舞台で活躍するプレイヤーだけでなく、影で支えている施術家という道もあるのだなと、漠然とながらも思っていました。また兄がドクターということもあり、将来は医療に携わりたいという気持ちも持っていました。そして私が怪我をした時に、医師でも治せなかった症状を柔道整復師の先生が治してくれたことがきっかけで「柔整の道に進もう」と決意し、大学卒業後は日本体育大学医療専門学校に進みました。

アキュスコープ・マイオパルスとの衝撃的な出会い

アキュスコープ・マイオパルスとの出会いは、修業先の先生方同士の勉強会を通してです。当時、私は日本大学アメリカンフットボール部（フェニックス）のトレーナーとしても活動していたのですが、ある日、怪我を負った選手の回復が思わしくなく、勉強会を通して知り合ったアキュスコープをお持ちの整骨院に連れて行きました。

その時に見せられた通電後の怪我の変化にとても驚かされ、修業場所をこの治療器がある整骨院に変え、そこで修業させて頂きました。衝撃的なその出会いからアスリートを施術していくならば、このアキュスコープとマイオパルスは必須だと強く感じ、院長として勤務していた桜接骨院でも導入してもらい大変良かったと思っています。勿論、佐世保での開業時には必ず導入すると決めていました。

現在、当院にはスポーツ選手が多く来院します。スポーツ選手は早期復帰が必要になりますので、アキュスコープ通電がメインですが、一般の患者さんには、まずは保険適用内で行うようにしています。変化が見られない場合には、自費施術のアキュスコープ通電を勧めています。ホームページ等から来院される方はつらい症状を長く抱えている方も多く、一度施術を行い、アキュスコープ通電にするかどうか判断しています。

スポーツを辞めざるを得なくなることがないよう

桜接骨院での勤務時代は、1日200名近く、主に日本大学の34ある部活動の選手たちをはじめ、多くのオリンピック選手やプロ野球選手をみていました。そこで感じたことは、いかに怪我によるスポーツからの離脱を減らせるかでした。

佐世保に戻ってからは、中高生をみることが多くなり、よりその気持ちは強くなりました。院で施術した子供たちがスポーツを辞めざるを得なくなることがないように、施術だけでなく予防という面からも支えていければと考えています。そして、1人でも多くの佐世保出身のトップレベル選手が活躍できるよう日々お手伝いができればと思います。

［営業担当者のコメント］

小出先生は日大アメフト部の専属トレーナー時代には、全日本選手権優勝や日本選手権優勝などに貢献、今まで数多くの症状をみてこられました。

アキュスコープ・マイオパルスを導入頂いてから約25年になりますが、今でも同器への評価は高く、院へお伺いさせて頂くと機器での効果を熱くお話しして頂けます。また、小出先生からアキュスコープのことを教えて頂くことも多くあり非常に感謝しております。常に、「いかに早く復帰するか」を考えて施術していらっしゃいますので、患者さんからの信頼も厚い先生です。

インタビュー後、「そういえば、イオノソンについて語っていなかったけど」とお気遣いを頂きました。「導入のきっかけは『ドイツ製』ということで気になり、導入後は新しいタイプのアプローチで打撲や筋損傷やマッサージ効果があり、結果良好ですね。」との嬉しいコメントまで加えて頂きました。

突然のお願いにも関わらず、ご協力頂きまして誠にありがとうございました！

（吉田）

大宮町整骨院（長崎県佐世保市）

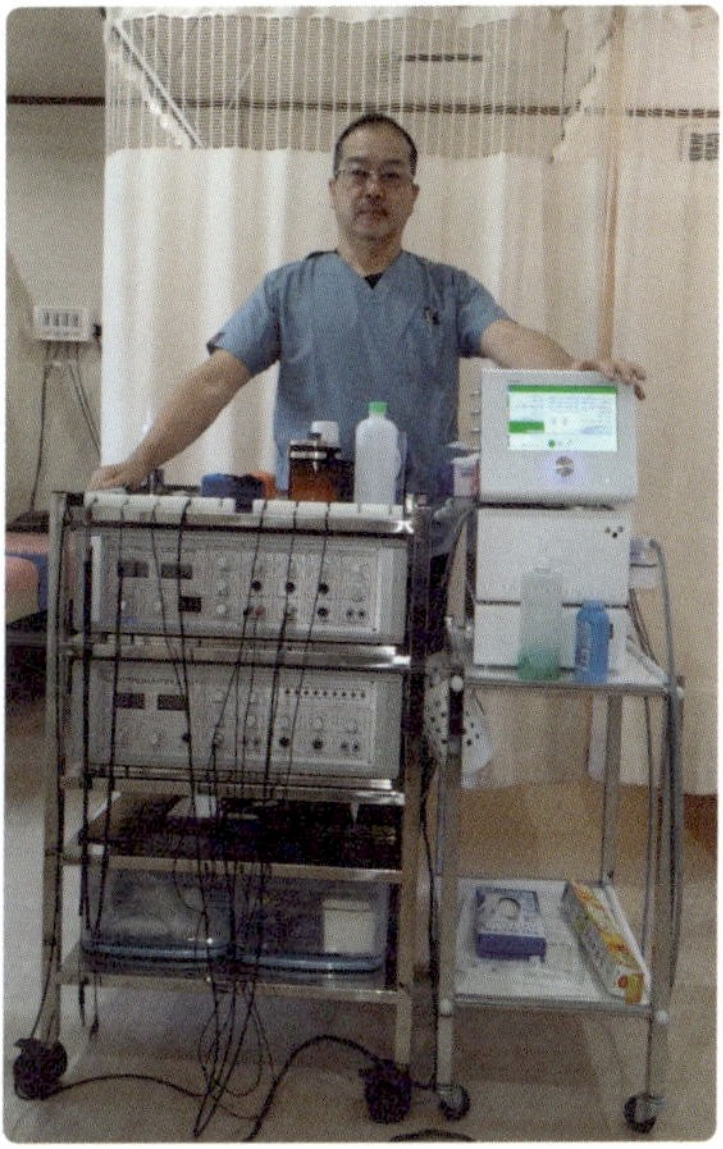

大宮町整骨院 HP

自費施術をメインに、二刀流経営を目指す

まさき整骨院

（福岡県大牟田市）

院長 西山正樹 先生

大牟田高校卒業後、福岡医療専門学校（旧名：福岡柔道整復専門学校）に進学。２００５年に柔道整復師免許取得。卒業後は、大牟田市内の整骨院で１年間研修を行う。その後、長崎県内の整骨院へ移り、２０１２年まで修業を積んだ後、２０１４年「まさき整骨院」を開業。以来、地域の整骨院として様々な症状の患者さんに寄り添っていらっしゃいます。

整骨院は夢がある

学生時代は陸上部に所属、主に800mと1500mの中距離走をしていました。ケガや故障をした際に、コンディショニング等でよく整骨院に通院していたのですが、その時に施術をしてもらっていた院長から「整骨院は夢がある」という話を聞いていました。その後、施術家を目指すにあたって理学療法士も考えましたが、学生時代に聞いたその言葉を思い起こし、私も自身で院を持ち、ケガや故障を根治までやりたいと思うようになり、柔道整復師の学校へと進みました。

これなら自費施術にも活用できる

自費施術導入を考えていた時に、ハイチャージNEOをデモしてもらい、導入に至りました。導入の一番の決め手は、私自身が実際にその効果を体感したことです。「これなら自費施術にも活用できる」と確信できたことが大きかったです。エレサスに関しては、通電直後に効果が見られ、患者さんに理解してもらいやすい治療器だと感じていましたが、ある日、ストレスが溜まるとアトピー症状が現れる患者さんにエレサス通電を行ったところ、ストレスが軽減されるとともに症状も改善。その変化に驚きすぐに導入を決めました。もちろん外傷にも対応ができ、特に学生さんに対しては、必ず使用しています。現在は、運動療法をメインで施術を行い、ハイチャージとエレサスを組み合わせて使用することが多いです。ハイチャージは基本的にはコンディショニングに活用し、エレサスは自律神経調整や外傷を基本として通電を行っています。

今後は、引き続き学生さんには部活動などで常に良いパフォーマンスを出して頂けるようコンディショニングを行い、ケガや故障した時には、早期回復はもちろんのこと、競技ができるレベルまで回復することを目指してお手伝いし、また一般の患者さんには、日常生活ができるレベルの向上をお手伝いしていきつつ地域に必要とされる整骨院として根付いていきたいと思っています。

保険施術を行いつつ、自費施術の割合を増やしていくには、どうすればといつも模索しています。将来的には自費施術をメインに施術や経営が出来ればと考えています。

［営業担当者のコメント］

西山先生は施術に対しての探求心がとても強く、当社セミナーへの参加率も高い先生です。患者さんの症状が少しでも良くなるようにと、いつも懸命にその施術法を考えられていらっしゃいます。訪問時に待合室で待たせて頂いている間にも、患者さんへの配慮を欠かさず、また丁寧な施術をされている姿を拝見し、そのお人柄の良さが患者さんからの高い信頼につながっているのだといつも感じさせられます。日頃から先生には、ハイチャージとエレサスの通電効果を高く評価いただいています。通電方法のご質問は「患者さんがどうしたら競技に早く復帰が出来るのか」という内容が多く、患者さんのことを親身になって考えておられることがとてもよく伝わってきます。

メーカーの営業として、まだまだ足りない部分がありますが、西山先生のよ

うな先生方に、少しでもプラスになる情報をお届け出来るよう努めて参ります
ので、今後ともよろしくお願いします。お忙しいところ、快くインタビューに
ご協力頂き誠にありがとうございました。(吉田)

まさき整骨院（福岡県大牟田市）

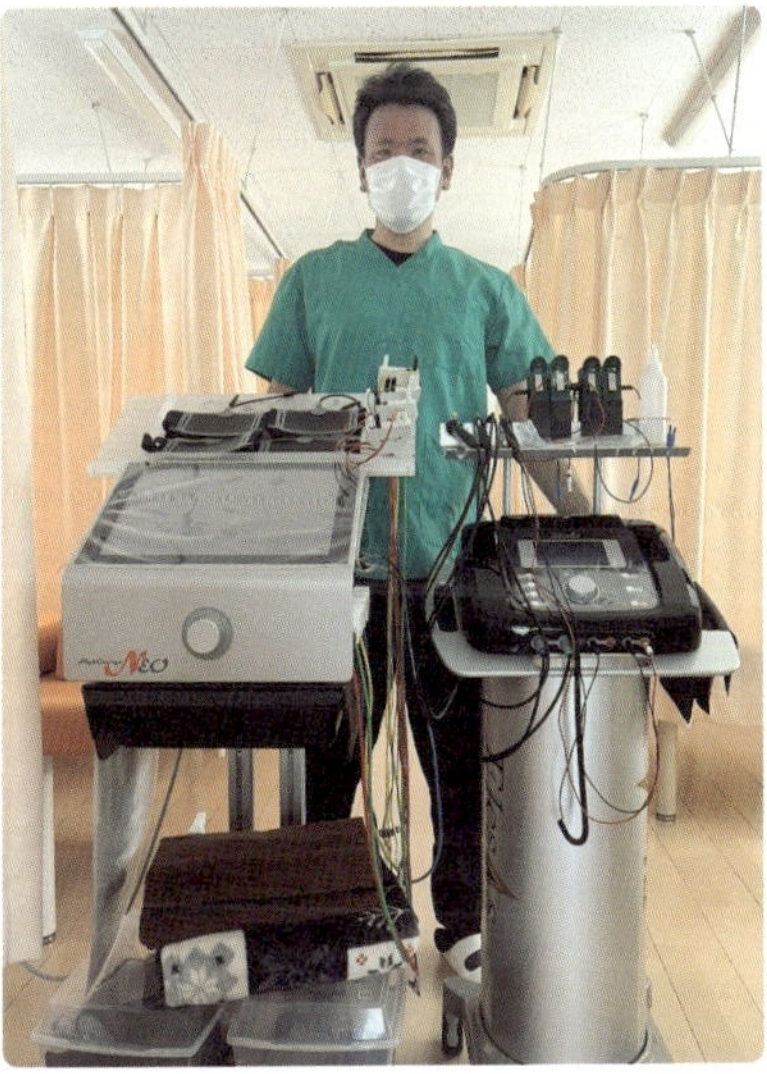

おわりに

最後までお付き合いいただきまして、誠にありがとうございました。

取り立てて能力を持たない私のような人間が、幸いにもこうして40年以上にわたり会社を運営してこられたのも、取引先様をはじめ社員に恵まれたおかげだと深く感謝しております。

気が弱く、いつも心配してばかりのこの小心者に、実力以上の評価と活躍のステージを賜り、ここまで本当に幸せな半生を送らせていただきました。本当にありがたい限りです。

本書は、そうした日々への御礼を、何らかの形で恩返しできないかとの思いから執筆いたしました。経営面から読者の先生がたをサポートできたらと考え、書き進めた企画です。日々、自院の円滑な経営に邁進しておられる取引先の先生方へのご支援の一助となれれば、この上ない喜びであります。

私が本書を通じてお伝えしたいのは、経営とはトライ&エラーの連続であり、完璧な法則や万能な解決策は存在しないということです。しかし、自ら行動し、学び、環境を創り出すことで、未来への道は必ず開けてきます。逆境に立ち向かい、柔軟に対応することで、経営者としての使命を全うできるのではないでしょうか。

私は「接骨院はサービス業であり、それは技術力と経営力によって支えられるものだ」と一貫して伝えてきました。この信念を胸に、多くの先生がたとともに、これからも新しい道を少しずつ切り開いていけたらと願っています。今回本書を手に取ってくださった皆様に深く感謝申し上げます。ありがとうございました。

最後になりましたが、本書の制作にあたり熱いアドバイスをいただいた牧野妙子様、アスカ・エフ・プロダクツの浜田充弘様、並びにご縁を繋いでいただいた明日香出版社の石野誠一前社長、そして10年前にお亡くなりになった阿部舜一郎様にも、心より御礼を申し上げます。

２０２４年12月

岩田 利彦

株式会社サンメディカル

創業　1982年8月
設立　1988年3月
資本金　7,500万円

代表取締役会長　岩田 利彦
代表取締役社長　森本 義成

◎所在地：
本社　〒467-0806 名古屋市瑞穂区瑞穂通7-33
（TEL 052-841-5384 ／ FAX 052-841-5399）
関東支店
関西支店
名古屋営業所
福山営業所
福岡営業所

◎事業内容：医療器具・器械輸入販売
◎加入団体：日本理学療法機器工業会
◎関連会社：株式会社 三進商会

◆お問い合わせはこちらへ

◆開業読本のお申込はこちらへ

会社概要

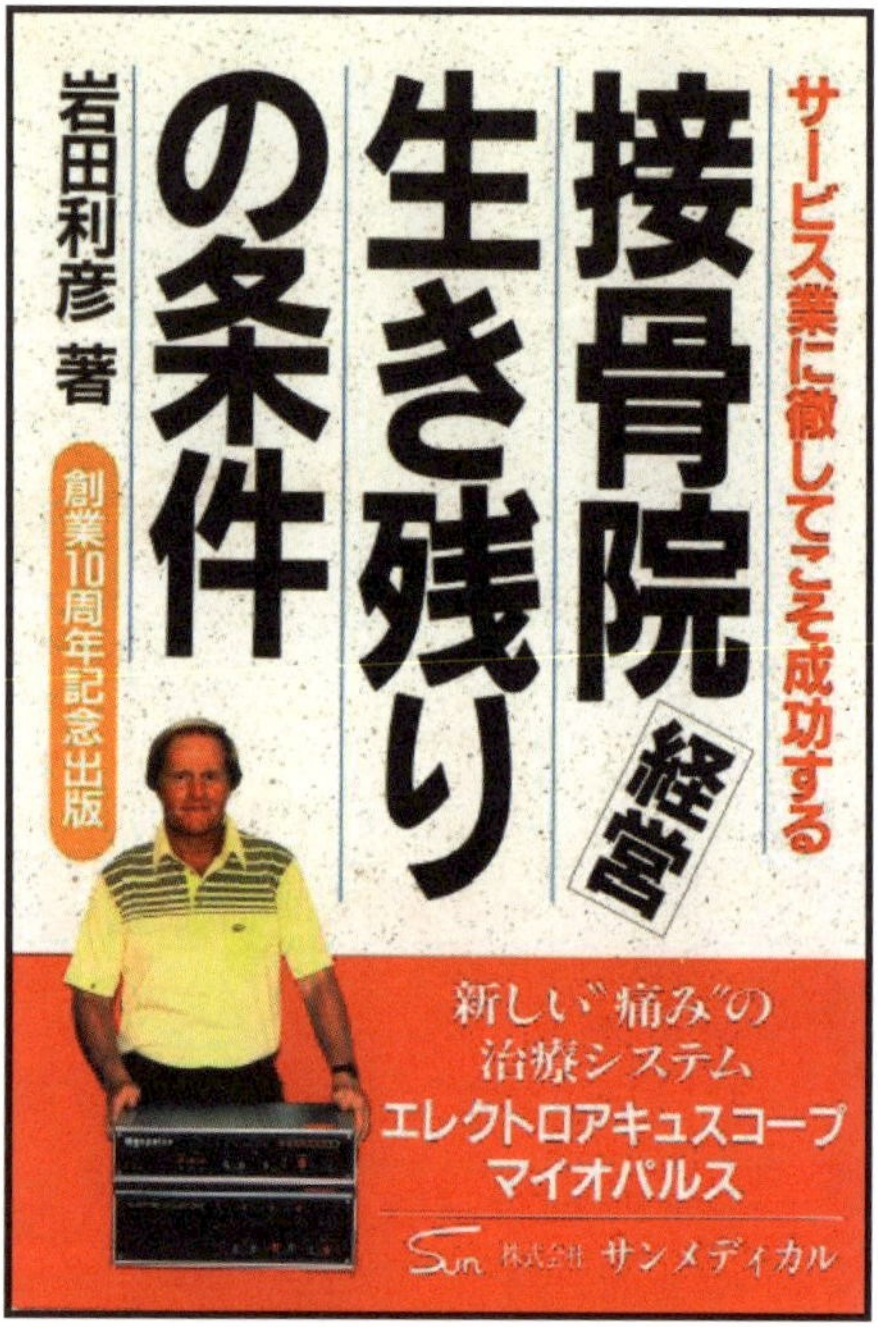

『接骨院経営　生き残りの条件』

岩田利彦の著書

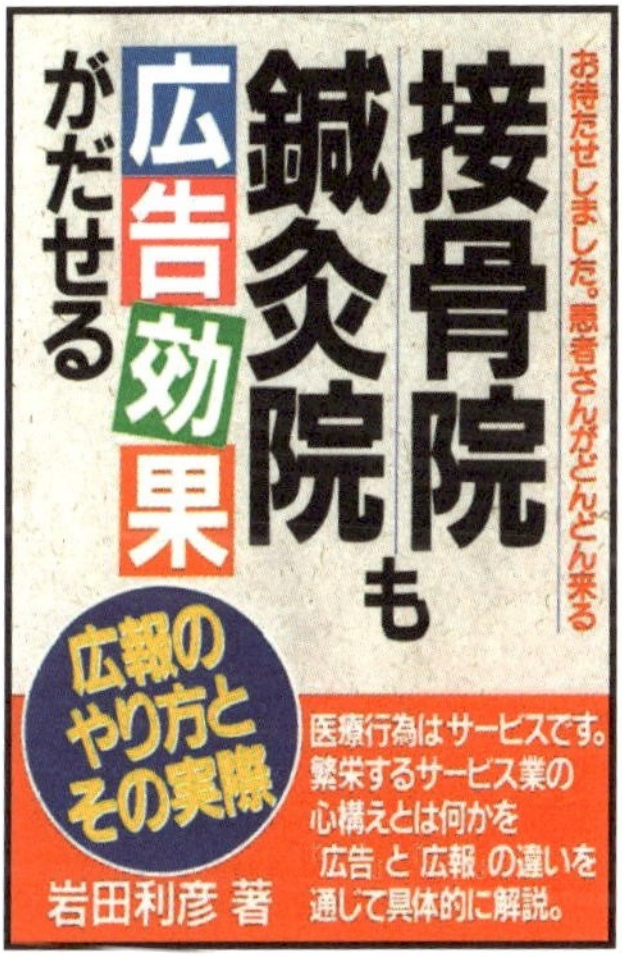

『接骨院・鍼灸院も広告効果がだせる』

『接骨院の正しいかかり方』

著者
岩田利彦（いわた・としひこ）
株式会社サンメディカル　代表取締役会長

昭和30年名古屋生まれ。
「痛みのわかる人間の育成」をモットーに昭和57年株式会社三進商会を創業、昭和62年には医療器輸入部門を分離独立させ株式会社サンメディカルを設立。同社は長年にわたり微弱電流治療器のパイオニア企業として様々な種類の治療器を取り扱うほか、接骨院の開業を支援するサービスも提供。会社設立以来、一貫して取り扱いを行ってきた微弱電流治療器は、「痛みのない生活」のために痛みからの解放を第一に考え、現在に至るまで会社の理念を形作る主力製品となっている。平成25年には、日本理学療法機器工業会会長に就任。現在は、医療機器を通した支援活動の一環としてアスリートのサポートにも力を注ぐ。『接骨院経営　生き残りの条件』『接骨院・鍼灸院も広告効果がだせる』などの著書がある。

逆境に屈しない接骨院経営の教科書

2025年1月23日 初版発行

著者　岩田利彦
発行者　奥本達哉
発行　アスカ・エフ・プロダクツ
発売　明日香出版社
〒112-0005 東京都文京区水道2-11-5
電話 03-5395-7650
https://www.asuka-g.co.jp
装丁　石山沙蘭
イラスト　たそのみい
組版　田中まゆみ
編集協力　牧野妙子
校正　共同制作社
印刷・製本　シナノ印刷株式会社

ISBN 978-4-7569-2375-2